COLLECTION DOUBLE

CONDITIONS DE LA VENTE

Elle sera faite au comptant.

Les acquéreurs payeront *cinq pour cent* en sus des adjudications.

L'exposition mettant le public à même de se rendre compte de l'état des objets, il ne sera admis aucune réclamation une fois l'adjudication prononcée.

Paris. — Imprimerie Pillet et Dumoulin, 5, rue des Grands-Augustins.

CATALOGUE

DES

OBJETS D'ART

TABLEAUX ANCIENS

LIVRES

COMPOSANT

LA COLLECTION DOUBLE

DONT LA VENTE

AURA LIEU RUE LOUIS-LE-GRAND, 9

Les Lundi 30, Mardi 31 Mai, Mercredi 1er Juin

ET LES TROIS JOURS SUIVANTS.

A DEUX HEURES

Par le ministère de Me CHARLES PILLET, commissaire-priseur,
10, rue de la Grange-Batelière,

Assisté pour les *Objets d'art:* de M. CHARLES MANNHEIM. Expert,
7, rue Saint-Georges,

Pour les *Tableaux:* de M. FÉRAL, expert, 54, Faubourg-Montmartre,

Pour les *Livres:* de M. PORQUET, libraire, 1, quai Voltaire,

Chez lesquels se distribue le Catalogue.

EXPOSITIONS

PARTICULIÈRE: Les Vendredi 27 et Samedi 28 Mai 1881

PUBLIQUE: Le Dimanche 29 Mai 1881

De une heure à cinq heures.

ORDRE DES VACATIONS

Le Lundi 30 Mai 1881

Tableaux	1 à 23
Livres	1 à 59

Le Mardi 31 Mai 1881

Boîtes ornées de miniatures, par Van Blarenberghe	158 à 161
Tabatières et bonbonnières	162 à 174
Miniatures	175 et 176
Bijoux	177 à 188
Orfèvrerie	189 à 211
Armes européennes	212 à 229
Armes orientales	230 à 257

Le Mercredi 1er Juin 1881

Porcelaines de Sèvres	24 à 62
Service de table en vieux Sèvres	63
Assiettes en vieux Sèvres	64 à 112

Le Jeudi 2 Juin 1881

Porcelaines de Saxe	113 à 141
Services de table en vieux Saxe	142 à 143
Porcelaines diverses	144 à 155
Porcelaine de Chine	156

Faïence de Delft	157
Jeux et objets variés	265 à 272
Bronzes divers	326 à 328
Bronzes divers	331
Sièges divers	426 à 454

Le Vendredi 3 Juin 1881

Pendules	273 à 285
Candélabres et girandoles	292 à 299
Bras-appliques	300 à 305
Flambeaux	306 à 316
Chenets	317 à 325
Meubles	335 à 375

Le Samedi 4 Juin 1881

Marbres	258 à 264
Lustres en cristal de roche	286 à 291
Bronzes divers	329 et 330
Fontaines en plomb	332 à 334
Meubles en bois doré	376 à 394
Glaces	395 à 402
Meubles en tapisserie	403 à 408
Tapisseries	409 à 422
Garnitures de croisées	423 à 425
Étoffes anciennes	455 à 463
Boiseries et peintures décoratives	464 à 478

NOTICE

Léopold Double, né à Paris en 1812, descendait d'une ancienne famille parlementaire du Languedoc, anoblie au XIVe siècle et dont un membre, Vital Double, fut secrétaire du roi François Ier.

Le père de Léopold Double fut le célèbre médecin François-Joseph Double, de la Faculté de Montpellier, de l'Académie de médecine de Paris et de l'Académie des sciences; lequel refusa d'être nommé pair de France plutôt que de renoncer à l'exercice de la profession médicale. Un des frères du docteur Double était François-Michel Double, évêque de Tarbes.

Léopold Double, dès sa jeunesse, n'avait pas été destiné à prendre l'héritage scientifique de son père. Sa vocation semblait le porter d'abord vers l'état militaire, et, après avoir fait de brillantes études classiques, il entra à l'Ecole polytechnique et devint officier d'artillerie; mais, quoique nommé aide-de-camp du maréchal Soult, ministre de la guerre, il renonça tout à coup à la carrière qu'il avait embrassée et qui menaçait de le retenir longtemps dans les garnisons de province. Il vint alors s'installer dans son hôtel de la rue Louis-le-Grand, où il avait le projet d'établir la collection d'objets d'art, qu'il commençait à former avec beaucoup d'intelligence et de goût, depuis que sa passion pour la *curiosité* s'était révélée spontanément, comme une distraction aux habitudes monotones et insipides de la vie de garnison.

A cette époque, les collections d'objets d'art étaient encore peu nombreuses et peu importantes à Paris; chaque amateur circonscrivait ses goûts dans une spécialité qu'il préférait; il y avait donc peu de collections générales et, en quelque sorte, éclectiques. L'un recherchait et rassemblait des tableaux, l'autre, des dessins; celui-ci des miniatures, celui-là, des boîtes et des tabatières. Le domaine de la *curiosité* et des bibelots, domaine aussi vaste et aussi varié que la fantaisie et le caprice, se trouvait donc encore très restreint et assez négligé. Les vieux meubles, les vieilles tapisseries, les porcelaines, les pièces les plus précieuses de l'art décoratif, n'avaient pas, n'avaient plus, hélas! d'admirateurs et de connaisseurs : toutes les merveilles du mobilier d'autrefois étaient tombées dans l'abandon et le dédain.

C'était le bon moment pour créer la collection que Léopold Double se proposait de réunir sans bruit et sans éclat, collection qui n'avait pas de modèle alors et qui devait bientôt devenir célèbre.

Pour faire cette collection, Léopold Double avait un sens délicat, un tact parfait et, déjà, une sûreté extraordinaire d'expérience acquise et de connaissances approfondies. Il savait discerner et apprécier les beaux meubles, les belles tapisseries, les belles porcelaines, les beaux bronzes, toutes les belles choses enfin du grand art décoratif des derniers siècles, à une époque de mauvais goût et d'indifférence, où les rares reliques du luxe élégant et spirituel de nos aïeux ne trouvaient pas encore un amateur éclairé, ni un véritable expert. Il y avait pourtant, comme toujours, des antiquaires, des vendeurs de curiosités et des marchands de bric-à-brac.

La collection de Léopold Double s'augmentait et se complétait rapidement ; en 1848, on peut dire qu'elle était faite, et, peu d'années après, elle était connue, estimée, admirée dans toute l'Europe ; elle resta depuis unique et incomparable, entre toutes les collections du même genre que la mode avait fait éclore çà et là, et qui se sont multipliées depuis à l'infini.

Voici ce que nous disions de la collection de Léopold Double, en 1865 : « Cette collection ne s'est formée qu'à force de recherches et de persévérance, de hasard et de bonheur ; c'est un choix merveilleux d'objets charmants, qui avaient été créés par le luxe de nos ancêtres, et il faut entendre, sous ce nom de « luxe », tout ce qui contribue à la distinction, à l'élégance, au bien-être et au charme de la vie ; c'est un éclatant spécimen de toutes les splendeurs des arts somptuaires aux XVIIe et XVIIIe siècles, quand Boule et Riesener faisaient des meubles, Bérain et Gouthières des flambeaux, Falconet et Clodion des pendules, Boucher et Fragonard des peintures de plafonds et des dessus de portes, quand les manufactures de Vincennes et de Sèvres donnaient mille formes et mille nuances à la porcelaine, quand les manufactures royales de la Savonnerie, des Gobelins et de Beauvais, exécutaient en laine et en soie des tentures peintes comme des tableaux, quand de simples ouvriers étaient des artistes, quand chaque pièce d'ameublement pouvait être une œuvre d'art. »

En composant sa collection, Léopold Double avait songé surtout à composer un ameublement pour son hôtel, et c'est au milieu de cet ameublement artistique et de cette collection admirable, qu'il a vécu et qu'il est mort.

Léopold Double ne suivait pas les ventes publiques : on l'y voyait bien rarement ; il attendait, pour ainsi dire, les occasions qui venaient le chercher ; il avait foi dans le hasard, qui est le vrai dieu des collectionneurs, et ce dieu-là le favorisait souvent. Tout ce qu'il y avait de plus beau et de plus curieux en objets d'art décoratif connaissait, pour ainsi dire, le chemin de son hôtel et y arrivait de toutes parts. Le collectionneur n'avait que l'embarras du choix, et il choisissait toujours de première main et à première vue. Léopold Double ne laissait jamais échapper ce qu'il était sûr de ne jamais retrouver.

Un jour, on lui apporte une écuelle de vermeil aux armes du cardinal de Farnèse ; d'un coup d'œil, il reconnaît la marque de l'orfèvre Thomas Germain, et il achète à l'instant le chef-d'œuvre de ce grand artiste, chef-d'œuvre qui porte la date de 1739. Un autre jour, on lui présente un coffre oblong, une sorte de malle couverte en maroquin rouge, décorée d'ornements en or exécutés comme une reliure de livre ; aussitôt il a constaté que ce coffre a été relié, si l'on peut s'exprimer ainsi, aux armes de Marie-Antoinette ; c'est dans ce coffre que la reine renfermait sa collection de dentelles.

Une fois, — ce fut un bien heureux jour, — deux grands vases de porcelaine, en pâte tendre, arrivent directement de Russie en France. Ils vont, de prime saut, chez Léopold Double, et ils y restent. Ce sont les vases de Fontenoy, peints par Morin, à la manufacture de Sèvres, en mémoire de la victoire remportée par le marechal de Saxe sous les yeux de Louis XV ; ce sont les deux plus beaux types de la porcelaine française peinte et dorée.

Une autre fois, c'est encore de Russie que revient en France la tabatière de l'impératrice Catherine, tabatière d'or, avec des peintures microscopiques de Blarenberghe, représentant l'érection de la statue de Pierre le Grand sur une des places de Saint-Pétersbourg. La tabatière de Catherine II ne devait plus retourner en Russie, au moins du vivant de Léopold Double, qui, plus tard, répondit à la grande-duchesse Marie, qu'il voyait décidée à reconquérir à tout prix ce joyau impérial : « Votre Altesse ne voudra pas, en me forçant à lui céder un bijou qui est partie intégrante de ma collection, me faire manquer à un serment solennel, que je me suis fait à moi-même, de ne jamais rien distraire de cette collection. » Puis, il ajouta, avec cette politesse gracieuse qui lui venait toujours en aide : « Je fais des vœux cependant pour que Votre Altesse puisse me survivre et reprendre alors cette boîte qu'elle désire, quand je ne serai plus là pour la défendre à regret. »

Léopold Double n'était pas moins heureux dans les trouvailles inespérées qui s'offraient à lui, de la manière la plus inattendue, dans ses promenades, dans ses voyages, dans ses relations de société; car, de même qu'un amoureux qui rêve sans cesse à ses amours, il ne cessait pas d'avoir sa collection en vue, dès qu'il en était lassé et qu'il avait le plus de raisons de l'oublier momentanément. C'était, en quelque sorte, un chasseur qui avait toujours l'œil ouvert pour voir passer le gibier et l'arrêter au passage. Combien d'anecdotes piquantes sur cette chasse permanente de la *curiosité!*

Un soir d'été, passant en voiture à la barrière d'Enfer, il aperçoit de loin chez un affreux revendeur un étalage de tasses de porcelaine. Il descend de voiture, s'approche avec surprise et trouve tout un service à café avec décor à petits personnages, de la manufacture électorale de Meissen, et, à côté de ce charmant service absolument intact, le vieil écrin dont il était sorti.

Un matin, il traverse la rue du Sentier; sa voiture est arrêtée par des travaux de démolition; il regarde et se rappelle que la maison qu'on démolit avait appartenu à Le Normand d'Etioles, qui se souvenait d'avoir été le mari de la marquise de Pompadour. C'est là qu'il avait vu, dans l'étude de M. Denormandie, l'avoué du roi Louis-Philippe, deux superbes fontaines en plomb doré, attribuées à Falconet et, dans un salon de cette même maison, un beau plafond peint par Boucher : il s'arrête, s'informe et achète sur place le plafond et les fontaines. Ce sont les deux fontaines qui décorent aujourd'hui le grand escalier de l'hôtel de la rue Louis-le-Grand; c'est le superbe plafond qui a pris place dans le salon du second étage de ce hôtel.

Autre bonne fortune de collectionneur et presque semblable à la précédente. C'est dans la rue de la Chaussée d'Antin; c'est le petit hôtel ou plutôt la *petite maison* de la Duthé, qu'on démolit. Léopold Double se rencontre là et se rappelle aussitôt avoir, plus d'une fois, dans son enfance, admiré un boudoir, que le comte d'Artois avait fait décorer pour sa maîtresse. Les boiseries de ce boudoir, peintes par Van Spaendonck, le célèbre peintre de fleurs, étaient encore en place, ainsi que la cheminée en marbre bleu turquin ornée d'emblèmes galants en cuivre ciselé et doré par Gouthières. Léopold Double en devient acquéreur et peut ainsi rétablir dans son hôtel le boudoir de la Duthé, où le souvenir du comte d'Artois ne fait aucun tort aux délicieuses peintures de l'artiste hollandais. Ce n'est pas tout : il avait découvert, dans la cheminée du boudoir, la pincette en acier ouvragé et agrémenté, dont la Duthé se servait soixante ans auparavant pour tisonner, en songeant peut-être que tout s'éteint ici-bas, le feu comme l'amour.

Dans ses voyages, Léopold Double allait aussi à la découverte, toujours chasseur et toujours favorisé du sort. Il va prendre les eaux à Vichy, et il en rapporte, avec une meilleure santé, un panneau peint par Raphaël et un portrait de la reine Claude de France, femme de François Ier, par Clouet dit Janet. Dans un second voyage à Vichy, il découvre une des plus excellentes tapisseries des Gobelins, représentant une des *Saisons* d'après Boucher, et si bien conservée dans toute sa fraîcheur qu'on la croirait à peine sortie du métier de haute lisse.

Nous n'en finirions pas si nous voulions raconter toutes les trouvailles que Léopold Double a faites sans les avoir cherchées, et qui venaient d'un jeur à l'autre enrichir sa collection. Une fois qu'un objet nouveau, examiné et apprécié à loisir, était entré dans cette collection, il n'en sortait plus; Léopold Double se refusait absolument, soit à le céder, même à un prix dix fois plus élevé que celui de l'acquisition, soit à l'échanger entre un objet d'une valeur vingt fois supérieure et dont la possession lui eût fait le plus d'envie. C'était, de sa part, une sorte de fidélité invincible et inaltérable pour les objets qu'il avait jugés dignes de sa constante affection et qui devenaient désormais les « amis de la maison. »

On comprend que son attachement, sa passion, son enthousiasme étaient encore plus vifs, plus immuables pour les objets qui avaient fait partie du mobilier de Marie-Antoinette à Versailles ou à Trianon, et qu'il avait pu s'approprier au prix des plus grands sacrifices. C'était un véritable culte qu'il avait voué à la mémoire de Marie-Antoinette, et rien ne lui coûtait pour devenir possesseur de quelque meuble qui avait appartenu à cette bonne et malheureuse reine. On se rappelle que l'impératrice Eugénie avait réuni à Trianon, lors de l'Exposition universelle de 1867, une exposition particulière de tous les souvenirs matériels de Marie-Antoinette et de tous les objets à son usage. Léopold Double avait contribué à cette touchante exposition. L'impératrice fit offrir par M. de Saint-Albin, son bibliothécaire, une somme de 30,000 fr. à M. Double pour la cession des flambeaux de Gouthières, fabriqués et ciselés à l'occasion de la naissance du Dauphin. « Ces flambeaux m'ont coûté trois ou quatre cents francs, il y a vingt ans, répondit Léopold Double; mais je ne les donnerais pas pour un million, si je les estime au taux du plaisir que j'ai à les posséder. »

Aucune offre, si magnifique, si exhorbitante qu'elle pût être, n'était de nature à le tenter, quand il s'agissait de se dessaisir des objets de sa collection, et cependant ces offres se renouvelaient sans cesse, en présence des objets eux-mêmes qui les avaient inspirées.

Pendant la Commune, il s'était retiré en son château de Saint-Prix, dans la vallée de Montmorency. Là, toutes les inquiétudes qu'il avait éprouvées sur le sort de sa collection pendant le siège se renouvelèrent avec plus d'angoisses et d'anxiété. Chaque jour, il était plus impatient de retourner à Paris, et il ne cédait qu'aux prières de sa famille qui s'efforçait de le dissuader d'une imprudente démarche. Enfin, les événements prenant une tournure de plus en plus redoutable et l'agonie de la Commune devenant plus furieuse, il résolut de faire enlever de son hôtel et transporter à Saint-Prix les objets de sa collection qui lui tenaient le plus à cœur; il avait dressé une liste de ces objets, et il la remit à deux domestiques de confiance, qui s'étaient chargés de cette délicate et dangereuse expédition. Marché était fait à haut prix avec des voituriers qui s'engageaient à opérer le déménagement au milieu des agitations révolutionnaires de Paris. L'entreprise était hasardeuse, difficile, presque impossible; les voitures furent remplies des objets les plus précieux, enveloppés dans des draps et des couvertures et cachés sous des paquets de linge sale que les blanchisseurs avaient la permission de faire sortir de Paris. La sortie eut lieu sans accident, la veille du jour où l'armée de Versailles entra dans la capitale, et le soir même, Léopold Double vit avec une douce émotion arriver à Saint-Prix les voitures qui portaient ses trésors. C'étaient tous les meubles de Marie-Antoinette.

Bientôt Léopold Double donna une nouvelle preuve de son amour pour cette collection, qu'il avait craint de voir disparaître dans les incendies que la Commune expirante essaya de promener à travers tous les quartiers de Paris; ces incendies, on en voyait s'élever les flammes du haut de la terrasse du château de Saint-Prix, et Léopold Double avait craint, à plusieurs reprises, que ces flammes ne dévorassent ce qui était resté de sa collection dans l'hôtel de la rue Louis-le-Grand.

Il tomba gravement malade, peu de temps après son retour à Paris, et le mal fit de tels progrès, que l'illustre docteur Ricord, qui donnait des soins au malade, ne répondait plus de sa vie. Léopold Double se rendait compte de son état et ne se faisait aucune illusion; de plus, il souffrait horriblement et presque sans interruption. Il eut alors l'idée de faire apporter autour de lui les objets de prédilection qu'il voulait contempler, admirer une dernière fois, quelques-uns de ses tableaux, quelques unes de ses boîtes d'or et d'émail, et surtout les reliques bien-aimées des splendeurs de Marie-Antoinette. « Je souffre moins en les regardant, me disait-il alors, et il me semble que je tiens à eux par des liens invisibles qui me rattachent à la vie. » Cette journée d'agonie, qui paraissait être la dernière de sa vie, ne fut pourtant pas pour lui sans consolations et sans charmes. Une crise favorable s'était produite, et le malade était

hors de danger : « Voilà mes sauveurs ! » me disait-il en me montrant les précieux et merveilleux objets d'art qu'il avait fait ranger autour de son lit de douleur et qui assistèrent en quelque sorte à sa convalescence.

Dans ces dernières années, sa santé était profondément altérée; malgré son énergie et son courage, il ne pouvait plus triompher de la maladie qui l'envahissait par degrés. Il ne pensait donc plus à augmenter cette collection qui n'avait pas d'égale en Europe, et il jouissait pleinement du bonheur de l'avoir formée à grands frais, avec tant de persévérance et après de si constants efforts : il était fier de la faire voir lui-même aux personnes distinguées et intelligentes, capables de l'apprécier comme lui et dignes de partager ses goûts et ses plaisirs.

Les plus notables étrangers, les grands artistes, les savants et les lettrés éminents, la femme du monde surtout, avaient apporté le même tribut d'admiration à ce splendide musée de l'art mobilier et décoratif. C'était là pour Léopold Double la récompense de trente-cinq ans de conquêtes heureuses et inappréciables, de découvertes imprévues dans les pays inexplorés du Bric-à-brac et de la Curiosité. Les plus beaux, les plus rares objets de cette collection avaient figuré avec éclat dans la plupart des grandes Expositions artistiques et historiques de l'industrie nationale.

On peut constater que jamais collection particulière ne reçut plus d'éloges et n'éveilla plus de sympathies et d'enthousiasme, que la collection de Léopold Double.

Tous les souverains qui sont venus à Paris depuis quinze ans ont voulu la visiter en détail et en ont emporté les meilleurs souvenirs.

Léopold Double regardait donc son œuvre comme terminée ; il aurait pu sans doute étendre, développer sa collection sur le même plan, mais, en l'agrandissant encore, il ne l'eût pas faite plus curieuse, ni plus remarquable. Il en avait eu le plaisir et l'honneur, il en avait joui, tous les jours, à toute heure. Sa santé était alors gravement atteinte, et les médecins lui conseillaient de se retirer à la campagne, s'il ne consentait pas à aller dans le Midi vivre au soleil et en plein air. Il ne s'abusait pas sur son état ; il se sentait bien malade, et il prit le parti, à regret, de vendre sa collection. C'était dans le courant du mois de janvier de cette année, qu'il me parla de ses projets et qu'il voulut bien me demander mon sentiment à cet égard : « Une fois la vente faite, me dit-il, je continuerai, j'achèverai les grands travaux que je fais exécuter sous mes yeux au château de Saint-Prix ; ces travaux, qui m'occupent, qui m'amusent, l'ont tellement embelli, que la duchesse de Vendôme aurait peine à reconnaître sa propriété.... — Mon ami, interrompis-je, ces travaux, si intéressants qu'ils soient, ne vous consoleraient pas de l'absence de votre collection. Croyez-moi, gardez-la, et ne vous séparez pas de vos objets d'art, de ces amis fidèles qui ont fait le bonheur de votre vie. — Vous avez raison, reprit-il tristement : ma collection ne doit disparaître qu'avec moi ! »

Mon excellent ami Léopold Double mourut subitement, quelques jours après. On se souviendra toujours de son incomparable collection et de celui qui l'avait faite.

P.-L. JACOB, Bibliophile.

LA COLLECTION DOUBLE

La collection de M. Double, qui formait un ensemble unique et harmonieux, quand elle représentait, en quelque sorte, un musée de l'art mobilier et décoratif aux XVIIe et XVIIIe siècles, va se trouver forcément divisée en différentes parties distinctes, pour répondre aux nécessités d'une vente dans laquelle les amateurs font la part de leurs goûts et de leurs préférences. Celui-ci ne s'intéresse qu'aux objets d'ameublement, soit meubles mobiles, soit meubles stationnaires ; celui-là s'attache aux objets de luxe artistique, aux pendules, aux flambeaux, aux lustres, aux appliques ; tel ne recherche que des boîtes et des tabatières ; tel ne se passionne que pour les porcelaines ; un autre est envieux de vieille argenterie ; un autre de vieilles armes ; il y a des amateurs exclusifs pour les sculptures, pour les tableaux, pour les livres. Il fallait donc, bon gré mal gré, réunir par groupes homogènes ou analogues toutes les belles choses qui avaient chacune leur place, en quelque sorte intelligente et instructive, dans les vastes appartements que nous avons vus, hier encore, si bien appropriés à cette magnifique installation.

Il faut le dire pour ceux qui n'ont pas eu la bonne fortune de visiter l'hôtel de M. Double, à l'époque où il s'ouvrait avec libéralité presque à tout venant, cette superbe collection n'avait pas été faite en vue de composer un musée, où tous les objets sont étiquetés et numérotés et gardent invariablement la place qu'on leur a donnée pour une exhibition publique. Le musée était là sans doute, le plus splendide et le plus intéressant qu'on pût offrir aux regards des amateurs dignes de l'apprécier, mais il était appliqué tout naturellement à l'usage journalier de la vie privée : il servait à l'ameublement et à la décoration d'une maison particulière ; il se prêtait, pour ainsi dire, aux habitudes de son propriétaire, qui se plaisait à s'entourer de ces souvenirs historiques et qui les mêlait sans cesse à sa propre existence. C'en est fait, le musée n'existe plus, et un catalogue de vente succède au catalogue descriptif et explicatif qui accompagnait naguère les nombreux visiteurs de cette admirable collection.

Ce catalogue, rédigé avec tant de savoir et de talent par M. Lucien Double, sous le titre de *Pro-*

menade à travers deux siècles et quatorze salons, aurait été certainement la meilleure préface, la plus utile et la plus agréable à lire qu'il fût possible d'ajouter au catalogue de vente, si la collection avait conservé son arrangement systématique dans les salles et les salons qu'elle occupait depuis vingt-cinq ans. Dans le petit nombre de pages qu'on nous a prié d'écrire en tête de ce catalogue, où les objets sont classés et décrits dans un autre ordre, nous ne pouvions mieux faire que de nous reporter à l'ouvrage excellent de M. Lucien Double et d'en extraire presque textuellement, par catégorie d'objets, tout ce qui contribuera le mieux à les caractériser et à les faire connaître, en regrettant d'être obligé souvent de sacrifier les plus charmants détails de la rédaction originale.

I. MEUBLES. Nous n'apprendrons rien aux véritables amateurs, en leur rappelant que le prix des beaux meubles anciens n'est peut-être pas encore arrivé à son dernier degré d'élévation, quoiqu'il ait atteint des proportions considérables que les ignorants ou les profanes ne comprennent pas. Rien n'est plus facile à comprendre cependant ; le nombre des riches amateurs est allé toujours en augmentant, tandis que la rareté excessive des beaux meubles n'a fait que s'accuser davantage. On a beaucoup parlé, il y a deux ou trois ans, de la vente à l'amiable d'une commode, une merveille du temps de Louis XVI, qui avait été payée, disait-on, 400,000 francs. Cet achat n'aurait rien d'extraordinaire, si la commode qui a trouvé acquéreur à 400,000 francs, était un des quatre meubles réservés, par ordre du Comité de l'Instruction publique, dans la vente du mobilier de la comtesse du Barry, comme les chefs-d'œuvre de l'industrie et de l'art, mais si bien gardés par les gens qui les avaient en dépôt à titre de bien national, qu'on n'a jamais su depuis ce qu'ils étaient devenus. La vente aux enchères du mobilier du château de Versailles et des châteaux royaux s'est prolongée pendant tout le cours de l'année 1793, mais la plupart des meubles les plus magnifiques et les plus précieux furent vendus à vil prix et se trouvèrent gâtés, mutilés, saccagés entre les mains de grossiers acquéreurs qui n'avaient aucun moyen d'en tirer parti, si ce n'est en brûlant les bois dorés pour en tirer quelques parcelles d'or, et en éventrant les canapés et les fauteuils pour en ôter le crin et la tapisserie. A peine si quelques débris du luxe royal et aristocratique des deux derniers siècles ont échappé par hasard à cette destruction générale et sont venus intacts jusqu'à nous à travers cinquante ou soixante ans de dédain et d'indifférence pour ces rares épaves de l'ancienne société française. On peut donc dire avec certitude qu'il ne s'est pas conservé une centaine des somptueux ameublements de cette époque, et M. Double, pour sa part, en a sauvé quinze ou vingt.

On trouve chez lui peu de meubles antérieurs au règne de Louis XIV ; il faut pourtant mentionner un joli bahut du XVIe siècle, provenant du château d'Écouen, et un petit coffret d'ébène doublé de soie cramoisie, rempli de boîtes en vermeil et en ivoire aux chiffres de François II. Tous les autres meubles sont du XVIIIe siècle, à l'exception d'une grande bibliothèque en ébène, avec inscrustations d'argent, d'ivoire et de cuivre, dans le grand style de Bérain, et pouvant être regardée comme un des premiers ouvrages de Boule, qui appliqua d'abord l'ébénisterie d'incrustation au genre grandiose et sévère. Les encoignures ne manquaient pas dans les salons de l'hôtel Double : il y en a en laque de Coromandel, montées en bronze doré, qui datent des commencements de Louis XV, et d'autres en bois des îles, ornées de fleurs de lis et signés par Riesener. Citons seulement deux commodes, l'une de Louis XV avec des bronzes de Gouthières, qui vient du château de Neuilly ; l'autre, en marqueterie, ornée de sujets galants et décorée du chiffre de Marie-Antoinette. Les grands bureaux prenaient trop de place dans les appartements encombrés de meubles : M. Double en avait réduit le nombre, malgré leur beauté ; il ne gardait comme spécimens, qu'un grand bureau Louis XV en bois de rose avec ornements de bronze ; un autre, en acajou, garni de beaux cuivres, signé par Riesener. Quant aux tables de salon et de boudoir, il suffit d'en signaler deux ou trois qui n'ont pas d'égales au monde : la petite table en acajou, décorée de bronzes rocailles, autour de laquelle les trois filles de Louis XV travaillaient à des ouvrages de broderie et de tapisserie dans leur château de Bellevue ; une table ornée de plaques de vieux Sèvres, signée par Riesener, laquelle a figuré dans les appartements de Louis XVI, à Versailles; une table en acajou, garni de bronzes dorés représentant des dauphins et des fleurs de lis, qui était à Trianon dans la chambre à coucher de la reine.

M. Double avait toujours eu un culte de respect et d'admiration pour la mémoire de Marie-Antoinette : il s'était mis en quête pour retrouver quelques meubles et quelques objets qui avaient appartenu à cette malheureuse reine, et il en avait fait une collection spéciale que lui enviait l'impératrice Eugénie sans parvenir à lui arracher une seule des reliques qu'il avait pieusement recueillies. C'était dans cette collection qu'on voyait avec émotion le petit fauteuil et le petit secrétaire qui composaient le mobilier enfantin du dauphin et qui étaient restés en la possession de Mme Campan, femme de chambre de la pauvre reine.

Les salons de l'hôtel Double, si vastes qu'ils soient, ne pouvaient contenir plus de quatre ou cinq ameublements complets : on y voyait, entre autres, un meuble de salon, en tapisserie des Gobelins, représentant des scènes pastorales d'après Boucher, avec des instruments de musique sculptés sur les bois dorés; un autre meuble, en bois doré, couvert de tapisseries de Beauvais : ce meuble, dont le grand statuaire Falconet avait sculpté les bois dans sa jeunesse, sortait du garde-meuble de Fontainebleau ; un autre meuble, en bois sculpté et doré, avec tapisserie des Gobelins, portait à Versailles le nom de *meuble des Dieux*, à cause des sujets mythologiques que la tapisserie représente et dont le plus beau sujet est une Vénus couchée, qui l'emporte sur tout ce qui a été fait sous Louis XIV à la manufacture des Gobelins, etc.

Entre les meubles isolés, on s'arrête avec curiosité devant les grands tabourets en forme d'X, de bois doré recouvert de velours rouge à passementeries d'or : c'étaient ces tabourets que les duchesses se disputaient souvent, dans les cérémonies officielles, à la cour de

Louis XIV; mais on reste ému devant la chaise longue, en brocatelle rose, sur laquelle Marie-Antoinette se reposait souvent dans son boudoir de Trianon, et devant le fauteuil tournant, en canne et bois doré, où personne ne s'est permis de s'asseoir après elle. Tout le monde, en revanche, pouvait s'asseoir dans des fauteuils où s'est assise Mme de Pompadour, et même dans sa chaise à porteurs, en cuir vert doublé de velours amarante, qui avait l'air d'attendre dans le vestibule, que la marquise eût fini sa visite.

II. Tapisseries. M. Double en avait un grand nombre et des plus belles de toutes les époques : une tapisserie des Gobelins, représentant une fête indienne d'après un carton de Berain; une autre, signée *Audran aux Gobelins*, représentant une scène du Don Quichotte d'Antoine Coypel ; une autre, d'après Boucher, représentant l'Eté dans la suite des *Saisons*, qui passait pour le chef-d'œuvre de l'Art et qui mériterait d'être encadrée sous glace comme un tableau de maître.

III. Pendules. Je gagerais qu'il en est au moins trois qui feront faire des folies aux plus sages amateurs français et étrangers : d'abord, et avant toute autre, la pendule en vase antique de bronze doré, dite la *pendule de diamants*, qui était dans la chambre à coucher de Marie-Antoinette à Versailles ; puis, la pendule en marbre et bronze doré avec la figure de Louis XV, exécutée, par ordre de Mme de Pompadour, en l'honneur des victoires du roi ; enfin la pendule rococo, en vieux Saxe de la manufacture de Meissen, qui suivra sans doute la fortune du lustre, de même provenance, que ne voudront pas séparer l'un de l'autre les grands amateurs en quête de fleurs brillantes et de jolis Amours en porcelaine. Je sais aussi un amateur mélomane, qui convoite l'horloge en cuivre doré et en vieux Sèvres, avec son orchestre de singes musiciens en vieux Saxe, qui semblent exécuter les airs de Lully et de Philidor que cette horloge fait entendre à la sonnerie des heures. Je recommande aussi aux fanatiques de la vieille horlogerie un grand régulateur en bronze doré dans le plus beau style Louis XV.

IV. LUSTRES, FLAMBEAUX, CANDÉLABRES. Je n'ai pas tout dit, en vantant le lustre rococo de la manufacture de Meissen, que le fameux marchand de curiosités, Lazare Duvaux, avait vendu, en 1750, à Mme de Pompadour. La pièce la plus rare et la plus magnifique de la collection Double, c'est le grand lustre en cristal de roche, composé de plus de cent cinquante cristaux de toutes formes et de toutes grandeurs. Ce lustre, qui a figuré dans plusieurs Expositions de l'Industrie comparée, était loin d'être estimé à sa valeur, lorsque l'impératrice Eugénie offrait de l'acheter à tout prix. Elle voulait aussi acquérir les flambeaux de bronze doré au mat, signés de Martincourt, le maître de Gouthières : les aigles de la maison d'Autriche et les torches de l'hyménée rappellent que ces flambleaux ont été fabriqués à l'occasion du mariage de l'archiduchesse Marie-Antoinette avec le dauphin de France. Donnons un souvenir, en passant, aux grands cadnélabres en bronze doré, avec les armes de Turenne, et aux appliques chargées de nids de colombes et d'enfants, ciselées par Gouthières.

V. BOITES ET TABATIÈRES. C'est là qu'il faudrait s'arrêter longtemps, pour admirer; mais, en accordant seulement cinq minutes à chaque pièce, cet examen rapide demanderait plus de deux heures. Il suffit de signaler trois boîtes d'or, avec portraits en émail par Petitot : un Turenne, une Anne d'Autriche et un Louis XIV jeune. Quant aux chefs-d'œuvre de Blarenberghe, ce n'est pas en une heure qu'il serait facile de les étudier et de les décrire : la plus belle de ces boîtes peintes en émail, c'est la boîte de baptême à deux faces, où Blarenberghe représenta les scènes de l'accouchement et du baptême ; la plus curieuse est la boîte des fêtes populaires de Paris, que M. Double n'avait payée que 31,000 francs à la vente Allègre ; enfin, la plus rare et la plus extraordinaire, c'est la boîte de Catherine II, toute garnie de diamants, avec miniatures microscopiques représentant l'érection de la statue de Pierre le Grand, à Saint-Pétersbourg.

VI. Argenterie. Belles argenteries anciennes, la plupart de la fabrique de Paris, et quelques-unes avec les poinçons des plus fameux orfèvres. L'écuelle en vermeil de Thomas Germain vaut plus que son pesant d'or.

VII. Porcelaines. Les vases, les services de table, les surtouts, les tasses et le reste ! Deux grandes armoires remplies, sans compter les pièces de grande dimension qui servent à l'ornement des consoles et des piédestaux. Énumérons, à dire d'expert : les deux vases de Fontenoy, dits *vases militaires*, en pâte tendre, fabriqués et peints à Sèvres pour le roi en 1752. Si Louis XV ressuscitait pour les racheter, il ne reprendrait pas son bien à moins d'un demi-million. Le beau vase en vieux Vincennes à fond bleu est le plus riche produit d'une manufacture, qui fut le berceau de la manufacture royale de Sèvres. Ne perdons pas notre temps à ranger en ordre de bataille une vingtaine de grands vases en porcelaines du plus beau choix, entre lesquels les vases de Chine cèdent le pas aux vases de fabrique française. M. Double était le premier connaisseur en fait de vieille porcelaine, et il ne s'est jamais trompé dans ses acquistions. Voici deux services de table, chacun de plus de cent pièces, qui ont traversé, sans accident, tous les dangers de la *casse* depuis un siècle et demi : service de Buffon, complet, en vieux Sèvres, pâte tendre, décor à oiseaux et camées, fabriqué par ordre du roi en l'honneur de l'illustre auteur de *l'Histoire naturelle* ; service arlequin, dont toutes les pièces sont différentes et signées par les peintres les plus habiles de la manufacture de Sèvres, Morin, Bachelier, Vieillard, Chapuy, Gomery, etc.

Là, sont des pièces isolées, dont chacune vaut presque autant que se payait un service de table, à Sèvres, dans l'âge d'or de la porcelaine. Ainsi, Mme Du Barry fit faire un service à son chiffre, d'après les dessins de Boucher. Il n'en subsiste que les pots de crème sur un plateau, et trois assiettes, rien que trois. C'est peut-être sur ces assiettes, comme le suppose spirituellement M. Lucien Double, dans son charmant catalogue descriptif, que la favorite prenait les oranges qu'elle faisait sauter dans la main, en disant : « *Saute, Choiseul! saute, Praslin!* »pour se préparer à faire sauter le ministère du duc de Choiseul. Ainsi que Mme du Barry, l'impératrice Catherine II avait voulu avoir un service de table, en pâte tendre, sortant de la manufacture de

Sèvres. Ce service fut envoyé en Russie, et il n'en est revenu qu'une seule assiette, que M. Double a acheté plus de trois mille francs à la vente de M. Thibon. Cette assiette, il l'avait désirée et attendue pendant quinze ans.

Mais arrêtons-nous un moment devant trois tasses, qui ont cent fois plus d'intérêt et plus de prix que les assiettes de Mme Du Barry et de Catherine II. Ce sont les tasses de Marie-Antoinette : l'une, avec des dauphins, annonce que la jeune et belle archiduchesse venait d'épouser le dauphin de France ; l'autre, avec les attributs de la royauté, date de l'époque où la dauphine était montée sur le trône, à la mort de Louis XV ; la troisième nous la montre heureuse mère de famille, et cette tasse, la plus précieuse des trois, offre dans son décor les enfants de la France qui vivaient alors, et dont le plus jeune devait être Louis XVI. Nous savons qu'il existe une tasse de porcelaine blanche à filets d'or que la reine avait dans sa prison; mais M. Double n'a pas vécu assez longtemps pour pouvoir la joindre aux trois tasses historiques qu'il possédait déjà.

VIII. Jeux. Rien de plus rare que ces jeux dont la plupart ont été détruits par l'usage ou plutôt par les changements de la mode. M. Double était très fier de posséder le jeu d'échecs que l'ambassade siamoise avait apporté en présent à Louis XIV. Ce jeu d'échecs, de fabrique indoustane, a conservé toutes ses pièces d'ivoire coloré en vert et en rouge, représentant des soldats de l'armée indienne et de l'armée anglaise. A côté de ce jeu d'échecs, un jeu de reversis, également en ivoire travaillé, et dont les devises auraient été composées, dit-on, par Louis XV, pour une de ses maîtresses, Mlle de Romans, qui, en dépit du jeu de reversis et de ses devises, n'a pas eu la chance de la marquise de Pompadour et de la comtesse Du Barry.

IX. ARMES. M. Double n'avait pas, à proprement parler, un cabinet d'armes dans sa collection, mais il avait employé deux panoplies qui réunissaient plus de soixante belles pièces pour les armes de l'Occident et celles de l'Orient.

Dans la première, on distinguait, entre toutes ces pièces de choix, un hausse-col du XVIe siècle, en acier doré, couvert de dessins gravés et d'émaux dans le style de Benvenuto Cellini, et un grand casque doré, à la sarrasine, ayant été élaboré et engravé à Venise vers la même époque.

Parmi les épées, une du temps de Henri II,

ornée de tête d'anges en argent niellé, et une autre plus ancienne, plus longue et plus lourde, ornée de médailles romaines, épée qui n'a pu être maniée que par un chevalier de haute taille et de grande force. Puis, une épée historique, celle que portait le maréchal d'Ancre au moment où il fut assassiné sur le pont dormant du Louvre. On remarque, au nombre des poignards, celui dont la lame présente l'écusson armorié de Laurent de Médicis et dont la poignée en ivoire est une tête de lion. Dans les armes à feu, la plus curieuse est une petite arquebuse en bois des îles, incrusté d'ivoire, qui appartenait à une duchesse de Lorraine, à quelque vaillante dame de la maison de Guise. Puis, toute la famille des petites armes à feu, pistoles, pistolailles et pistolets.

Dans la panoplie des armes orientales, étincelantes de pierres précieuses et incrustées d'or et d'argent, on voyait un vieux poignard de Trébizonde à fourreau d'argent et un kriss malais, à la lame empoisonnée dont la poignée en ivoire représente la déesse de la destruction; puis, pour nous servir des expressions pittoresques de M. Lucien Double, dans son Catalogue descriptif, « la série des poignards d'Anatolie, des couteaux de sultane, fines lames de Damas enrichies des versets du Coran, poignées découpées dans le jade et l'onyx, surchargées de pierreries, qui, semblables aux fleurs des Tropiques, brillent et tuent en même temps. »

X. Sculptures. Les statues et les grands vases sculptés de Lepautre, que M. Double avait pu acquérir sont au château de Saint-Prix. Mais les merveilles de l'art français n'ont pas quitté l'hôtel de la rue Louis-le-Grand. Là, on entend le murmure perpétuel de trois fontaines qu'on y a transportées et incorporées : l'une, du château d'Issy, qui était la poétique retraite de la reine Marguerite de Valois, après qu'Henri IV eut divorcé d'avec elle ; les deux autres, de la petite maison du fermier général Le Normand d'Étioles, mari également séparé de Mme de Pompadour. Ces deux dernières fontaines, qui ont chacune au-dessus de leur vasque une statue exquise en plomb doré, de Falconet, représentent Diane et Actéon avec leurs chiens au milieu des roseaux et des plantes aquatiques. Un autre chef-d'œuvre de Falconet, que nous n'avons pas classé parmi les pendules, bien que ce soit une pendule où l'on ne songe pas à regarder l'heure, parce qu'on n'y voit qu'un chef-d'œuvre de sculpture, c'est le groupe des trois Grâces en marbre blanc, ce groupe voluptueux qui faisait pâmer d'aise Diderot, le grand juge des œuvres de la statuaire. Ce chef-d'œuvre ira sans doute au Louvre, où personne ne songera à demander l'heure aux Grâces qui la font oublier. Nous ne parlons pas des deux statues de Nègres en bois et peinturlurées, qui montaient la garde dans le vestibule du château-galant de Louveciennes; nous allons droit au portrait de Marie-Antoinette, en argent repoussé sur fond de velours bleu de roi, dans un cadre en fine serrurerie exécutée au marteau par Louis XVI lui-même, qui certainement ne se fit pas aider pour ce travail par son *compagnon* d'atelier l'affreux Gamain.

XI. Peintures décoratives. Il y en avait beaucoup dans l'hôtel de M. Double lorsque la collection se déployait dans quatorze salons qui suffisaient à peine pour la réunir. On classera peut-être, parmi les tableaux, une délicieuse peinture de plafond, par Boucher, qui décorait le boudoir de Mme de Pompadour et qui représente l'apothéose de cette enchanteresse, que Vénus ne regardait pas sans envie au rang des déesses de l'Olympe. Laissera-t-on à leur place les gracieux dessus de portes, peints par Bon Boulogne, Boucher, etc.? En tout cas, le boudoir de la Duthé a été convoité trop souvent depuis trente ans, pour qu'une lutte aux enchères ne s'engage pas entre ces puissantes convoitises. On enlèvera donc les panneaux de ce boudoir, peint par Van Spaendonck, le célèbre peintre de fleurs, qui a jeté les colombes et les cygnes, les flèches et les carquois de l'Amour au milieu des guirlandes et des bouquets de Flore. Le comte d'Artois était le Jupiter qui pénétrait en pluie d'or dans le boudoir de cette Léda, et l'on assure qu'il y a oublié une petite pincette ornée de fleurs de lis et d'emblèmes amoureux. « Combien de fois, dit avec finesse M. Lucien Double, le comte d'Artois s'est-il servi, assis au coin du feu de la Duthé, de ce petit instrument pour tisonner fiévreusement, tourmenté qu'il était, non par le pressentiment de 1793, mais par les criailleries importunes de ses marauds de créanciers ! » Il les paierait aujourd'hui, s'il avait pour cela le prix du boudoir qu'il avait fait peindre pour sa maîtresse.

XII. Tableaux. Qui ne connaît pas la galerie de tableaux de M. Double ? Non seulement on les a vus dans deux ou trois Expositions publiques, mais encore on peut les avoir, la plupart, gravés par Jacquemart, Lalauze, Flameng, etc. Mais les épreuves de ces belles eaux-fortes coûtent fort cher, surtout celle du portrait de Rembrandt, peint par l'artiste lui-même à l'âge de soixante ans : « Il n'y a, écrivait Burger, au sujet de cet œuvre magistrale, que deux autres portraits de Rembrandt riant : une petite eau-forte de 1630, et le beau tableau de Dresde, où il tient sur ses genoux sa femme Saskia. Celui-ci est le troisième : c'est bien précieux et bien beau ! Il va passionner les artistes et les raffinés. » Contentons-nous de citer quelques autres tableaux, tous des chefs-d'œuvre et des raretés. Il n'en manque qu'un seul que la veuve de M. Double a donné au musée du Louvre, en souvenir de son mari. L'École italienne est représentée par un panneau d'ornement dans le goût des fresques de la Farnesine, attribué à Raphaël et provenant de la galerie du pape Clément XIII ; l'École hollandaise est représentée par un tableau d'intérieur de Gonzalès Coques ; par un portrait d'homme, de Frans Hals ; par un *Intérieur*, de van Delen et Frans Hals ; par la *Famille hollandaise*, de Théodore de Keiser ; par *la Fillette et le Soldat*, de Van der Meer, et par *le Géographe*, de ce même grand peintre, qui n'a pas encore de tableau dans la collection du Louvre ; par un *Intérieur de Pharmacie*, de Terburg. L'École française se présente avec des chefs-d'œuvre, de Clouet à Greuze, entre autres, *Un Camp sous Louis XV*, de Blarenberghe, deux paysages de Boucher, le portrait de Mme de Julienne, par Watteau, et une *Tête de paysanne*, par Greuze. Les gouaches, dont la plus précieuse est le portrait de Mlle de Saint-Aubin, actrice de l'Opéra-Comique, et les aquarelles signées du nom d'Eugène Lamy, ont déjà leurs places gardées dans les albums des millionnaires amateurs.

XIII. BIBLIOTHÈQUE. « Et la Bibliothèque ? écrivais-je en 1865. Tout le monde, même les plus ignares en fait de livres et de beaux livres, tout le monde, *profanum vulgus*, a ouï parler de cette prodigieuse bibliothèque, qui n'avait pas plus de mille volumes, et qui, dans une vente aux enchères, a produit 340,000 francs. Hélas! cet autre musée historique, plein des souvenirs de tous les célèbres bibliophiles du temps passé, cette espèce d'écrin bibliographique où une main prodigue et intelligente avait rassemblé des joyaux littéraires tirés des bibliothèques de François Ier, de Diane de Poitiers, de Marguerite de Valois, de Henri IV, des illustres amateurs, Grolier, Maioli, de Thou, Hoym, Colbert, Pompadour, etc.; ce choix exquis d'anciens manuscrits à miniatures, de reliures en vieux maroquin, etc.; tout cela n'existe plus que dans un catalogue de Techener, ou plutôt dans cent bibliothèques, où la place d'honneur appartient aux livres qui portent la marque de leur dernier possesseur: *Ex museo L. Double.* »

M. Double était, en effet, trop instruit, trop intelligent, trop raffiné dans ses goûts, pour ne pas incliner vers toute espèce de collection, si les objets qui en faisaient partie étaient beaux et rares. C'est ainsi qu'il s'était fait bibliophile, et en moins de deux ans, il avait formé à grands frais une bibliothèque nombreuse, bien choisie et déjà très renommée. Il s'arrêta, il se découragea, dans l'impossibilité de faire mieux. La bibliothèque fut vendue. « Il me sembla, me disait-il alors, que les objets d'art de ma collection me reprochaient de leur donner, dans les livres, des rivaux qui eussent fini par me rendre infidèle aux choix et aux plaisirs de toute ma vie. » Mais à peine la vente faite, les regrets arrivèrent. M. Double s'était puni d'être devenu trop promptement l'ami des livres, avant d'avoir pris le temps de les aimer, comme il aimait ses objets d'art. Il recommença, sans bruit, à former une nouvelle bibliothèque, ou plutôt un cabinet de livres, dans lequel la qualité remplaçait la quantité. Il avait à se défendre contre lui-même, en s'opposant à l'extension de cette petite bibliothèque qu'il considérait comme l'accessoire obligé de sa collection d'art et d'ameublement.

En effet, dans ce XVIIIe siècle qu'il affectionnait, et au milieu duquel il se plaisait à revivre par la pensée, pas d'hôtel aristocratique, pas de mobilier artistique, pas de luxe de la vie privée, sans l'accompagnement nécessaire d'une bibliothèque! Ainsi firent Crozat, le comte d'Hoym, Randon de Boisset, et tous les grands amateurs de l'art mobilier et décoratif. Cependant M. Double, malgré ses préférences pour ce charmant XVIIIe siècle, ne se décida jamais à composer une collection des merveilleux livres à figures, à vignettes et à culs-de-lampe, gravés d'après les dessins de Gravelot, d'Eisen, de Moreau et de Marillier. Il se contenta de quelques beaux spécimens de ces adorables livres, notamment un exemplaire des *Baisers*, de Dorat, relié en maroquin vert aux armes de Marie-Antoinette, exemplaire décrit dans le petit Catalogue de la bibliothèque de Trianon. M. Double ne se passionnait pas pour cette littérature et pour les estampes qui en étaient le plus séduisant ornement; ses goûts de bibliophile avaient une direction plus sérieuse et même plus sévère.

Il s'enthousiasmait pour les premières éditions de nos écrivains classiques; il avait réuni la première édition des œuvres de Molière (*Paris, Louis Billaine*, 1666, 2 vol. in-12, avec frontispices gravés par Chauveau), à la dernière édition que notre grand comique avait pris soin de revoir lui-même, avant sa mort, et qui ne fut publiée qu'en 1673 (*Paris, Claude Barbin*, 1673, 7 vol. in-12), édition rarissime, dont le plus bel exemplaire connu se trouve chez M. Double. Notre digne ami avait aussi la première édition in-4 des *Fables* de La Fontaine. Mais les trois perles de son écrin bibliographique sont le *Malherbe* du comte d'Hoym, le *Juvénal* de l'édition de Robert Estienne, exemplaire de dédicace aux premières armes de Jacques-Auguste de

Thou, et l'*Épiphanius*, un livre grec in-folio, à la reliure de Diane de Poitiers, avec les croissants, les lacs l'amour et les fleurs de lis, avec les chiffres entrelacés de Henri II et de sa maîtresse.

Cet admirable volume avait figuré, pour *la montre*, dans la première vente des livres de M. Double, qui avait eu le chagrin de le voir adjugé, par erreur, à un adorateur anonyme de Diane de Poitiers. M. Double retrouva son volume dans une vente du prince Demidoff, et il ne le laissa plus s'échapper.

« Je me consolerais, me disait-il dans un de nos derniers entretiens, je me consolerais de la perte de tous mes livres, mais celui-ci, c'est mon fétiche, c'est mon talisman ; je le garderai religieusement jusqu'à mort. »

Pauvre cher ami, le volume de Diane de Poitiers est encore là, pour quelques jours seulement, et vous, hélas! vous n'avez pas même eu le temps de dire, comme Mazarin, qui prenait tristement congé de ses chères collections : « Il faut pourtant quitter tout cela ! »

P.-L. JACOB, Bibliophile.

TABLEAUX

DÉSIGNATION

BLARENBERGHE

(VAN)

XVIIIe siècle

1 — *Le Camp.*

Quelques soldats sont réunis devant une tente ; au centre, un sergent debout, appuyé sur son fusil, paraît donner des ordres à un tambour assis à droite, pendant qu'un troisième personnage courtise une servante.

Vers le fond, des voitures et des cavaliers arrêtés auprès des tentes, où l'on aperçoit les feux du bivouac.

Fin et précieux petit tableau.

Signé en toutes lettres.

Bois. Haut., 13 cent.; larg., 16 cent.

BOUCHER
(FRANÇOIS)

Né à Paris en 1704. — Mort en 1770.

2 — *Le Cours d'eau.*

Devant une porte de jardin couverte en chaume et sur laquelle voltigent quelques oiseaux, deux jeunes paysannes, l'une agaçant un chien, l'autre debout, donnant la main à un enfant et portant son nouveau-né.

Sur le devant, un cours d'eau où nagent des canards.

Signé : F. Boucher 1769.

Toile ovale. Haut., 62 cent.; larg., 50 cent.

BOUCHER
(FRANÇOIS)

(Pendant du précédent).

3 — *Le Moulin.*

Il est sur la droite ; une femme, ayant auprès d'elle son enfant, lave du linge sur une petite plate-forme devant la porte de l'habitation où se trouve une jeune fille.

Au centre, deux saules aux troncs noueux à demi renversés; au-dessus, des pigeons voltigent auprès d'une cheminée.

Signé : F. Boucher, 1769.

Toile ovale. Haut., 62 cent.; larg., 50 cent.

CLOUET

(FRANÇOIS), dit JEHANNET

Né à Tours vers 1500. — Mort vers 1572.

4 — *Portrait de la reine Claude (femme de François Ier).* 2100

Vue jusqu'à la ceinture, la tête de trois quarts tournée légèrement à droite; les cheveux blonds, coiffée d'un bonnet blanc, avec petit galon d'or, robe décolletée en soie de couleur changeante, et chaîne de perles sur la poitrine.

Au dos du portrait se trouvent écrits ces vers de Ronsard :

Ha! Je la vois; elle est presque portraite.
Encore un trait, encore un; elle est faite.
Lève les mains, ha! mon Dieu, je la voy!
Bien peu s'en faut qu'elle ne parle à moy!

RONSARD.

Bois. Haut., 19 cent.; larg., 14 cent.

CLOUET

(FRANÇOIS), dit JEHANNET

5 — *Les trois Grâces, figurant aussi les Saisons.*

Au-dessus se trouve le nom de chacune d'elles.

Dans le bas, deux armoiries dont l'une est l'écusson de Grollier, le célèbre bibliophile. Et l'inscription suivante :

Tres nudæ Charites, Genuit Connectunt varijs.

Par tribus est facies.
Par tribus est ÆTAS.
Quas Jupiter almus,
Brachia nuda modis,
Qualem decet esse sororum par quoq; forma tribus.

Ce tableau provient de l'ancien évêché de Tournon; une tradition veut qu'il représente trois maîtresses de François Ier.

Bois. Haut., 22 cent.; larg., 19 cent.

COQUES

(GONZALÈS)

1614. — 1684. Anvers.

6 — *Famille hollandaise.*

Elle est réunie sous le péristyle d'une riche habitation : le grand-père et la grand'mère, vêtus de noir, sont assis au centre; ils ont à droite et à gauche quatre jeunes femmes donnant chacune la main à leur époux; près d'eux, deux petites fillettes, dont l'une joue avec un chien; à droite, un nègre tenant un cheval par la bride; à gauche, un personnage qui paraît être un notaire portant des contrats.

Bois. Haut., 68 cent.; larg., 90 cent.

COYPEL

7 — *Flore et Zéphire.*

La jeune déesse est assise, tenant une couronne; Zéphire l'enlace avec une guirlande de fleurs.

Toile ovale. Haut., 62 cent.; larg., 51 cent.

GREUZE

(JEAN-BAPTISTE)

Né à Tournus en 1725. — Mort au Louvre en 1805.

8 — *La petite Paysanne.*

En buste, tournée vers la droite; les yeux élevés, regardant au-dessus d'elle; les cheveux chatains, coiffée d'un bonnet en mousseline serré par un ruban bleu; un fichu rougeâtre à raies blanches sur ses épaules; robe jaunâtre à carreaux.

Superbe peinture du maître, admirable par son modelé et la franchise de l'exécution.

Toile. Haut. 46 cent.; larg., 37 cent.

GREUZE

(JEAN-BAPTISTE)

9 — *Le petit Enfant blond.*

Il est vu jusqu'à la ceinture, les bras croisés et appuyés sur une petite table. Les cheveux blonds frisés, les yeux bleus, regardant le spectateur, exprimant une naïveté enfantine et charmante; il porte une petite veste jaunâtre et une collerette plissée laissant le cou découvert.

Toile. Haut., 39 cent.; larg., 41 cent.

GREUZE

(D'après J.-B.)

10 — *La Jeune fille à l'agneau.*

Bois ovale.

HALS

(FRANS)

1584. — 1666. Harlem.

11 — *Portrait de Wilhem Van Heythuijsen.*

Vu jusqu'à la ceinture, la figure presque de face, barbe légère et petites moustaches grises, relevées en pointe; coiffé d'un chapeau à large bord, collerette en guipure, vêtement noir; il tient ses gants à la main gauche et, de la main droite, semble jouer avec les glands des cordons qui attachent sa collerette.

Ce précieux petit portrait a été gravé par Jules Jacquemart.

Bois. Haut., 24 cent.; larg., 20 cent.

HALS (DIRCK

Né à Malines en 1589. — Mort à Harlem en 1656.

ET

DELEN (JAN VAN)

XVIIe siècle.

12 — *Un Intérieur hollandais, au XVIIe siècle.*

Des dames et des gentilshommes sont réunis dans une grande pièce éclairée par deux fenêtres; les uns causent au centre groupés autour d'une table couverte d'un tapis ; à droite, une porte placée entre deux colonnes, où se présentent un jeune homme et une jeune femme ; dans le fond, deux personnages causent devant une cheminée surmontée de quatre colonnettes avec une statue de Diane au centre.

Des portraits gravés sont accrochés aux murs, se détachant sur un fond de cuir de Cordoue vert et or.

Bois. Haut., 72 cent. ; larg., 95 cent.

HEYDEN (JAN VAN DER)

Né à Gorcum en 1637. — Mort à Amsterdam en 1712.

ET

VELDE (ADRIAAN VAN DEN)

1639. — 1672. Amsterdam.

13 — *Habitation hollandaise, dans un jardin.*

Elle est placée au centre et au second plan, on aperçoit une dame et un seigneur suivis d'un valet ; un peu sur la gauche, une orangerie auprès d'une pièce d'eau ; trois personnages sont montés dans une riche embarcation.

Sur le devant, auprès d'un arbre, un jardinier, portant un panier sur son dos, cause avec un villageois ; à droite, un berceau de vignes.

Signé en toutes lettres.

Bois. Haut., 30 cent.; larg., 40 cent.

KEYSER

(THOMAS DE)

1595. — 1660. (?) Amsterdam.

14 — *Famille hollandaise, dans un intérieur.*

Au centre, la mère est assise, la main gauche appuyée sur son fauteuil ; elle porte une robe foncée en partie couverte d'un ample vêtement noir, un bonnet, une large collerette finement plissée et des manchettes en guipure ; à sa droite, le père debout, coiffé d'un chapeau à large bord, vêtu de noir s'appuie sur une table couverte d'un tapis de Turquie ; à sa gauche, son fils également debout, tient son chapeau.

Au second plan, on aperçoit une servante descendant un escalier et portant des fruits sur un plat d'argent. Au fond, dans l'ombre, une statue dans une niche.

Signé du monogramme et daté 1640.

Bois. Haut., 1 m.; larg., 83 cent.

LAJOUE

(JACQUES)

1687. — 1761. Paris.

15 — *Le Parc.*

Plusieurs personnages groupés au pied d'un escalier donnant sur un bassin et conduisant sur des terrasses surmontées de vases avecj et d'eau; au-dessus, deux grands arbres formant le berceau.

Charmant tableau de l'artiste.

Signé en toutes lettres.

Toile. Haut., 57 cent,; larg., 47 cent.

MEER

(JAN VAN DER) ou VER MEER DE DELFT

1632 (?).

16 — *Le Soldat et la Fillette qui rit.*

Auprès d'une fenêtre à demi ouverte, un soldat assis, vu de dos, vêtu d'une tunique rouge et coiffé d'un chapeau noir à large bord, se détachant en ombre sur un fond gris lumineux, cause avec une jeune femme assise devant une table.

La jeune femme, la tête couverte d'un fichu blanc noué sous le menton et vêtue d'une robe en soie jaune, tient un verre et regarde en riant le militaire qui lui fait face.

Dans le fond, une carte géographique accrochée au mur.

Très belle peinture, d'un effet piquant et d'une vigueur de tons très remarquable.

Gravé par Jules Jacquemart.

Toile. Haut., 49 cent.; larg., 44 cent.

MEER

(JAN VAN DER) ou VER MEER DE DELFT

17 — *L'Astronome à la sphère.*

Il est auprès d'une fenêtre, assis devant une table couverte d'un tapis et sur laquelle sont un globe céleste, des livres et autres objets vivement éclairés par un rayon lumineux. L'astronome est vêtu d'une ample robe de chambre bleue, la tête de profil, appuyé sur la table et faisant tourner le globe tout en suivant sur un livre ouvert devant lui.

Dans le fond, une armoire où se trouvent la signature de l'artiste et la date 1660 ou 1668 ; à droite, un tableau suspendu au mur.

Ce tableau est d'une admirable finesse d'exécution et d'une conservation parfaite.

Toile. Haut., 50 cent. ; larg., 44 cent.

PENGUILLY-LHARIDON

(OCTAVE)

1811. — Paris.

18 — *La Danse macabre.*

Formée de neuf sujets réunis dans le même cadre.

Au centre, la mort entraîne cinq personnages représentant les différents âges de la vie.

Au-dessus, un festin où elle surprend un des convives.

Au-dessous, elle s'empare d'un soudar qui sort du cabaret en joyeuse compagnie.

Sur les côtés, deux sujets, et dans les angles, des attributs relatifs.

M. Baudelaire, qui avait examiné ce tableau, s'exprime ainsi dans les *Curiosités esthétiques* :

« J'ai été ravi par cette petite danse macabre qui ressemble à une bande d'ivrognes attardés, qui va moitié se traînant et moitié dansant et qu'entraîne son capitaine décharné. Examinez, je vous prie, toutes les petites grisailles qui servent de cadre et de commentaire à la composition principale. Il n'y en a pas une qui ne soit un excellent petit tableau. »

Bois. Haut., 47 cent.; larg., 60 cent.

REMBRANDT

(VAN RYN)

Né en 1608, près de Leyde. — Mort à Amsterdam en 1669.

19 — *Portrait du Maître.*

Cette belle et énergique peinture, qui est de la dernière époque du maître, est si bien décrite dans le *Catalogue raisonné* de Smith, tome VII, numéro 220, que nous en donnons la traduction :

« Rembrandt, à l'âge d'environ soixante ans, vu de trois quarts, coiffé d'une toque et portant sur ses épaules une écharpe jaunâtre ; son corps est légèrement incliné en avant par l'âge, et il parait être encore occupé de son art, car on voit à son côté une portion d'un appuie-main, quoique la main qui le tient ne soit pas visible. A sa droite est placé un buste peint dans sa manière ample et libre. — Toile. Haut., 2 p., 6 p. Larg., 2 p. (anglais). — Maintenant dans la collection de lord Saye et Sele, au Belvédère. »

Toile. Haut., 82 cent. ; larg., 63 cent.

SANZIO

(ÉCOLE DE RAPHAEL)

20 — *Figures mythologiques et arabesques.*

Au centre, Vénus ayant à sa droite l'Amour endormi; au-dessous, un satyre grimpant sur la console où se trouve la déesse; autour, des ornements, des oiseaux se reliant à des cariatides et se détachant sur un fond blanc avec encadrement gris formé de feuilles d'acanthes et de quatre figures mythologiques dans les milieux.

Toile. Haut., 35 cent.; larg., 55 cent.

TERBURG

(GÉRARD)

Né à Zwol en 1608. — Mort à Deventer en 1681.

21 — *L'Apothicaire.* 10.000

Il est représenté dans sa boutique, debout, vu de face, coiffé d'un large chapeau, vêtu de noir et tenant ses gants. Derrière lui, sa femme assise devant son comptoir; à droite, un personnage drapé dans son manteau tenant une plume et se disposant à écrire sur un registre; dans le fond, de nombreux pots de faïence posés régulièrement dans des casiers; au dessus, plusieurs paires de balances suspendues au plafond; à gauche, deux mortiers.

Ce tableau, remarquabre de vérité et de justesse de tons, était très apprécié de notre savant critique W. Burger; il le désignait comme une œuvre des plus intéressantes, nous montrant la première manière de Terburg.

Il a figuré à une exposition de tableaux anciens qui se fit en juillet 1866, au Palais des Champs-Élysées, et les journeaux du temps en firent beaucoup d'éloges.

Toile. Haut., 1 m.; larg., 1 m. 35 cent.

WATTEAU

(ANTOINE)

Né à Valenciennes en 1684. — Mort à Nogent en 1721.

22 — *La Source.*

Cette peinture, qui fut vendue à la vente après le décès de M. Baroilhet, figura à l'Exposition rétrospective de tableaux de l'École française qui se fit au profit de la caisse de secours des artistes en 1860, Boulevard des Italiens.

Elle se trouvait ainsi décrite dans le catalogue.

Portrait en buste de Mme de Jullienne, sous la figure allégorique de la Seine.

... « Le peintre l'a représentée sous la figure d'une nymphe aimable qui a profité de l'occasion pour montrer ses magnifiques épaules, ses beaux bras, et qui,

Mollement appuyée sur une urne penchante,
Sourit au bruit flatteur de son onde naissante.

(Ch. Blanc).

Toile. Haut., 72 cent.; larg., 76 cent.

MIERIS

(FRANS VAN)

Né à Delft en 1635. — Mort à Leyde en 1681.

23 — *Judith tenant la tête d'Holopherne.*

Figure vue à mi-corps

Fin dessin, à l'encre de chine, sur vélin.

Haut., 15 cent.; larg., 12 cent.

OBJETS D'ART

ET

D'AMEUBLEMENT

DÉSIGNATION

PORCELAINES DE SÈVRES

24 — Deux magnifiques Vases en ancienne porcelaine de Sèvres, pâte tendre, à panse ovoïde reposant sur un piédouche orné d'un tore de laurier et d'un rang de fortes perles et à couvercle surmonté d'une pomme de pin.

Au pourtour de la panse se trouvent quatre médaillons reliés entre eux par des anneaux et des cordons. Chacun de ces médaillons est encadré de festons de feuilles de chêne et présente un décor différent. Celui de la face principale offre un sujet de soldats combattants parmi lesquels se distingue un groupe de gardes-françaises. Celui de la face postérieure présente un trophée d'armes, et ceux des faces latérales, trois couronnes enlacées, suspendues à un ruban rose et encadrées par deux palmes. La première de ces couronnes est une couronne murale, la deuxième, une couronne de laurier, et la troisième, une couronne de chêne.

Le fond rose de ces vases est marbré de bleu et d'or, la gorge réservée en blanc est ornée de cannelures dorées, et le bandeau supérieur est décoré de bossettes rondes et ovales, alternées, émaillées bleu turquoise et encadrées d'or.

Les perles du pied sont réservées en blanc, et le tore de laurier est rehaussé de dorure.

Ces vases remarquables furent exécutés pour le roi Louis XV, en souvenir de la bataille de Fontenoy.

Haut., 42 cent.

25 — Joli petit Vase à couvercle, de forme ovoïde, à ouvertures encadrées d'ornements saillants et à couvercle surmonté d'une fleur, en ancienne porcelaine de Sèvres, pâte tendre, fond vert-pomme, à médaillons de paysages encadrés d'ornements dorés. Époque Louis XV. (Lettre F., 1759.)

Haut., 20 cent.

26 — Beau Vase à gorge évasée, en ancienne porcelaine de Sèvres, pâte tendre, fond bleu de Vincennes, vermiculé d'or, branche de fleurs en relief, servant d'anses, et médaillons de fleurs polychromes sur la panse et sur le pied. Le culot offre des réserves blanches simulant des cannelures.

Ce vase est garni d'un bouquet composé de fleurs de porcelaine de Sèvres, et il repose sur un socle en marbre rosé, avec monture en bronze ciselé et doré. Ce vase a été gravé dans l'histoire de la porcelaine par Jacquemart.

Haut. du vase, 30 cent.
Haut. totale, 80 cent.

27 — DEUX VASES de forme élancée, à gorge et à deux anses enroulées, en ancienne porcelaine de Sèvres, pâte dure, fond gros bleu, à décor d'or, représentant des paysages et des jeux d'enfants, et à frise décorée de sujets de style antique, en couleurs sur fond d'or. Socles en marbre noir. L'écrou de monture porte l'écusson royal. Ces deux vases ont appartenu au roi Louis XVI. (Voir Catalogue des objets provenant de Marie-Antoinette exposés à Trianon en 1867, (n° 29), par M. de Lescure.

Haut., 49 cent.

28 — DEUX PETITS SEAUX à deux anses, en ancienne porcelaine de Sèvres, pâte tendre, décorés de ménédaillons de paysages, avec figures en camaïeu-carmin. Marque au point.

Haut., 11 cent.

29 — DEUX SEAUX à rafraîchir, à deux anses, en ancienne porcelaine de Sèvres, pâte tendre, à large bordure d'ornements à feuillages sur fond ama

ranthe, rang de perles sur fond bleu et médaillons de pensées encadrés de perles et reliés entre eux par des fleurettes variées. Époque Louis XVI. (M. M. 1788.)

30 — VERRIÈRE de mêmes porcelaine et décor, que les deux seaux qui précèdent.

31 — CABARET en ancienne porcelaine de Sèvres, pâte tendre, décoré de paysages et d'attributs champêtres par Vieillard. Il se compose d'une théière, d'un pot à crême, d'un sucrier, d'une grande tasse à deux anses, avec couvercle et soucoupe et de six tasses de forme arrondie avec soucoupes. Ce cabaret est accompagné d'un passe-thé et d'une pince à sucre en argent et le tout est renfermé dans un écrin, garni à l'extérieur de gros de Tours à fleurs brochées sur fond blanc.

32 — PETIT CABARET SOLITAIRE mignonnette en ancienne porcelaine de Sèvres, pâte tendre, à entrelacs vert-pomme rehaussés de dorure et bouquets de fleurs dans les entre-deux. Il se compose d'un plateau rectangulaire, avec bordure decoupée à jour, de deux pots à crème, un sucrier, une tasse avec soucoupe et deux petites corbeilles rectangulaires. Époque Louis XV. Ces diverses pièces sont renfermées dans un écrin couvert d'étoffe brochée à fleurs sur fond blanc et qui contient également une médaille d'argent qui fut frappée à l'occasion

de la naissance du Dauphin né le 22 octobre 1781. Ce cabaret a servi au dauphin Louis XVII.

33 — Petite Écuelle ronde, à deux anses enlacées, avec couvercle surmonté d'une branche formant attache et plateau ovale, en ancienne porcelaine de Sèvres, pâte tendre, à bords bleus à réserves de fleurs encadrées d'or et sujets marines et paysages avec personnages. Époque Louis XVI. — (Lettres GG., 1783.)

34 — Belle Tasse légèrement évasée, à deux anses formées chacune d'un dauphin doré, couvercle surmonté d'une couronne royale et soucoupe trembleuse, en ancienne porcelaine de Sèvres, pâte tendre, fond bleu turquoise, à rinceaux d'or au bord et médaillons, bouquets de fleurs en or encadrés d'une couronne composée d'une branche de roses et d'une branche de lys en couleur.

Cette belle tasse a été exécutée pour la reine Marie Antoinette à l'occasion de la naissance du Dauphin.

35 — Théière à panse ovoïde, en ancienne porcelaine de Sèvres pâte tendre, fond bleu turquoise, à médaillons, corbeilles de fleurs suspendues à des nœuds de rubans et riche bordure composée d'ornements d'or. Les médaillons ont été exécutés par Boulanger.

36 — Grande Tasse droite avec soucoupe, à fond rose, décorée d'un médaillon, personnage près de son cheval sur la tasse et d'un groupe d'animaux dans la soucoupe.

37 — Jolie Tasse droite, avec soucoupe, en ancienne porcelaine de Sèvres, pâte tendre, fond bleu turquoise, à quadrillages et pois d'or, et médaillons marines, par Morin. Époque Louis XV (Lettre P., 1767.)

38 — Tasse droite avec soucoupe, en ancienne porcelaine de Sèvres, pâte tendre, à œils de perdrix bleus sur fond rose, rinceaux d'or au bord et médaillons, animaux dans des paysages. Époque Louis XV (Lettres LL., 1787.)

39 — Tasse droite avec soucoupe, en ancienne porcelaine de Sèvres, pâte tendre, fond brun rehaussé d'or et médaillon représentant la peinture figurée par une femme assise tenant une palette et des pinceaux. Marquée Sèvres R. F. (République française) H. P.

40 — Petit Plateau carré en ancienne porcelaine de Sèvres, pâte tendre, décoré de jetés de fleurs. Époque Louis XV. (Lettre G., 1759.)

41 — Tasse droite avec soucoupe en ancienne porcelaine de Sèvres, pâte tendre, à bords blanc, feuil-

lages d'or, médaillons de paysages en couleurs et en camaïeu brun, et entre-deux à décor d'or sur fond bleu. Époque Louis XVI. Les peintures par Rosset, les ors par Le Guay.

42 — PETITE TASSE droite avec soucoupe fond gros bleu, et médaillon bergère assise encadré d'or. La soucoupe n'a pas de médaillon.

43 — GRAND PLATEAU OBLONG à lobes, à anses simulées par des nœuds de rubans, en ancienne porcelaine de Sèvres, pâte tendre, décoré d'un large médaillon de paysage de forme ovale avec figures. Le fond à quadrillages rouges et jaunes sur fond vert est rehaussé d'œils de perdrix bleus et rouges. Le bord blanc et or est enrichi de petites côtes à hachures d'or. Époque Louis XV (Lettre Q., 1768).

44. — PETIT PLATEAU OVALE à contours en ancienne porcelaine de Sèvres, pâte tendre, décoré d'un groupe de deux amours et de divers instruments d'astronomie, en camaïeu carmin. Époque Louis XV (Lettre G., 1759).

45 — JOLI FLACON à thé, de forme carrée, à angles coupés, en ancienne porcelaine de Sèvres, pâte tendre, décoré en camaïeu carmin à figures d'amours et attributs, avec rehauts d'or sur le dessus et dans les angles. Le bouchon est en argent ciselé et doré. Époque Louis XV (Lettre C., 1755).

46 — Deux très petites corbeilles rectangulaires et évasées, en ancienne porcelaine de Sèvres pâte tendre, décorées d'oiseaux voltigeant en camaïeu carmin. Époque Louis XV.

47 — Plateau rond à contours et à bord dentelé gaufré à l'extérieur, en ancienne porcelaine de Sèvres. pâte tendre, fond bleu turquoise et large médaillon, oiseaux dans un paysage, encadré de riches ornements d'or. Époque Louis XV.

48 — Plateau creux oblong à angles coupés, en ancienne porcelaine de Sèvres, pâte tendre, décoré de guirlandes de fleurs par Sioux jeune et à ornements gaufrés au bord. Époque Louis XV (Lettre A., 1753).

49 — Petit Cabaret solitaire en porcelaine de Sèvres, pâte tendre, décoré de couronnes de laurier et de jetés de roses. Il se compose d'une théière, un pot à crême, un sucrier et une tasse avec soucoupe.

50 — Grand Plat ovale en ancienne porcelaine de Sèvres, pâte tendre, à ornements gaufrés en relief rehaussé de hachures bleues, roses et or et couvert d'un riche décor d'oiseaux dans des paysages avec cours d'eau, rochers et cascades. Première periode (marque au point, c'est-à-dire antérieur à 1753).

Il a été garni d'une monture en bronze ciselé et doré.

51 — Jolie Corbeille ovale avec couvercle et plateau entièrement découpée à jour, en ancienne porcelaine tendre de Sèvres, rehaussée de dorure et à bâtons rompus décorés de perles et d'ornements sur fond bleu et amaranthe alternant. Époque Louis XVI. (Lettres MM., 1788.)

52 — Petit Plateau carré en ancienne porcelaine tendre de Sèvres à bord découpé à jour, à fond gros bleu pointillé d'or et à œils de perdrix carmin. Il offre à son centre un médaillon de paysage avec attributs champêtres. Il porte au revers la marque de Vieillard. Époque Louis XV. (Lettre N, 1765.)

Diam., 15 cent.

53 — Autre Plateau de même forme que celui qui précède, et avec bord semblable, en ancienne porcelaine de Sèvres pâte tendre, décoré de quadrillages bleus et roses, à rosaces d'or et ornements variés d'où s'échappent des festons de fleurs. Époque Louis XV.

Diam., 15 cent.

54 — Grande et belle Tasse à deux anses avec couvercle, reposant sur un plateau carré à contours et à riche galerie découpée à jour, en ancienne porcelaine de Sèvres pâte tendre, décorée de quadrillages d'or sur fond bleu, de coquilles et d'ornements variés de nuances, reliés par des rubans

roses et des festons de fleurs. Époque Louis XV (Lettre E, 1757).

Diam. du plateau, 17 cent.
Haut. de la tasse, 14 cent.

55 — Tasse droite avec soucoupe en ancienne porcelaine de Sèvres pâte tendre, fond gros bleu, riche décor d'or à rinceaux et médaillons polychromes représentant des sujets tirés des fables de La Fontaine.

56 — Tasse trembleuse avec couvercle et soucoupe en ancienne porcelaine de Sèvres pâte tendre, fond gros bleu à décor de rinceaux d'or et médaillons marines en couleurs par Morin.

57 — Tasse de forme basse et arrondie en ancienne porcelaine de Sèvres pâte tendre, fond gros bleu à rinceaux d'or et médaillons vases de fleurs en couleurs.

58 — Tasse droite avec soucoupe en ancienne porcelaine de Sèvres pâte tendre, à bords bleus pointillés décorés de couronnes de lauriers, fond jaune rehaussé de festons de fleurs et de feuillages encadrant des médaillons qui contiennent des bouquets de myosotis. Epoque Louis XVI (Lettres CC. 1779).

59 — Tasse mignonnette avec soucoupe en ancienne

porcelaine de Sèvres pâte tendre, fond bleu turquoise et médaillons bouquets de roses encadrés de feuillages d'or. Époque Louis XVI. (Lettres CC. 1779).

60 — Grande Tasse droite avec soucoupe en ancienne porcelaine de Sèvres pâte dure, décorée de dauphins, de couronnes d'or et de festons de roses en couleurs.

Cette tasse, un des premiers essais de pâte dure, fut faite à Sèvres en 1770, à l'occasion du mariage du Dauphin et de Marie-Antoinette. Le décor a été exécuté par Aubert, peintre de fleurs, ancien garçon perruquier. Pièce rare, authentiquée par M. Riocreux, commandée pour présent de bienvenue à Sèvres en 1770. Exposée à Trianon en 1867 sous le n° 60.

61 — Tasse droite avec soucoupe en ancienne porcelaine de Sèvres, pâte dure, à décor de fleurs et d'ornements d'or sur fond blanc et médaillon représentant Mme Poitrine allaitant le duc de Normandie en présence du premier Dauphin mort en 1789. La peinture a été exécutée par Pithou et les ors par Vincent. Cette tasse a été donnée à Mme Poitrine, nourrice du Dauphin, par Marie-Antoinette. (Voir Catalogue de Trianon, n° 57, exposition de 1867.)

62 — Grande Tasse droite avec soucoupe, en ancienne porcelaine de Sèvres pâte dure, décorée de riches

ornements d'or. La tasse offre dans un médaillon ovale un groupe de deux enfants vus à mi-corps : jeune fille coiffée d'un chapeau de paille tenant un broc, et jeune garçon couronné de roses et tenant des fleurs. La soucoupe offre à son centre un trophée champêtre. Époque Louis XV. (Lettre V. 1773). Les peintures par Boucher.

Cette tasse provient de la collection Berton.

SERVICE DE TABLE

EN ANCIENNE PORCELAINE DE SÈVRES

63 — Beau service de table en ancienne porcelaine de Sèvres pâte tendre, à œils de perdrix, sur fond vert, médaillons d'oiseaux et bustes en camaïeu au bord, et paysages avec oiseaux au centre de chacune des pièces.

Ce service, dit de Buffon, a été exécuté en 1784 par les peintres suivants : Évans, Bouillat et Pithou, et les dorures ont été faites par Vincent, Chauvaux et Prevost. Au-dessous de chaque pièce se trouve le nom de l'oiseau représenté à l'intérieur, ce qui a donné au service le nom de : Édition de Buffon.

Il se compose de :

Soixante-quinze assiettes plates et creuses.
Cinq compotiers modèle coquille.

Cinq compotiers ronds.

Quatre compotiers carrés à angles arrondis.

Six compotiers ovales.

Deux confituriers à deux places.

Deux sucriers ovales avec plateaux.

Deux sucriers ovales et à lobes.

Deux marronnières ovales en forme de corbeille avec plateaux adhérents.

Deux glacières à deux anses avec double fond et couvercle.

Deux grandes corbeilles ovales; ces dernières garnies de montures modernes en bronze doré.

Quelques pièces de se service ont été exécutées en 1805 comme complément.

ASSIETTES

EN ANCIENNE PORCELAINE DE SÊVRES

64 — Belle Assiette en ancienne porcelaine de Sèvres pâte tendre, à bords festonnés, offrant au centre le chiffre de madame du Barry, le D en or et le B exécuté à l'aide de roses. Le marli offre trois médaillons décorés d'Amours dans le goût de Boucher, alternant avec des corbeilles de fleurs et reliés par des couronnes de lauriers et des festons de fleurs. Le bord est bleu foncé.

65 — Un Plateau-support et six Pots a crème à couvercle en ancienne porcelaine de Sèvres pâte tendre, de même décor que l'assiette qui précède et provenant du même service. Époque Louis XV. (Lettre V., 1773).

66 — Trois Assiettes à bords festonnés en ancienne porcelaine de Sèvres pâte tendre, offrant au centre le chiffre de madame du Barry exécuté en or et fleurs en couleurs. Le marli présente six vases de fleurs de forme oblongue et émaillés bleu et or reliés par des guirlandes de fleurs. (Lettre S. 1770).

67 — Pot a crème de même porcelaine et de même décor que les assiettes qui précèdent et provenant du même service.

68 — Huit Assiettes à bords festonnés en ancienne porcelaine de Sèvres pâte tendre, à ornements et fleurs gaufrés au marli, et décor polychrome à bouquet de fleurs et de fruits au centre et trois groupes de fleurs au marli. Époque Louis XV (Lettre D. 1756).

69 — Deux Assiettes à bords festonnés en ancienne porcelaine de Sèvres pâte tendre, décorées au centre d'une couronne de fleurs. Le marli à ornements gaufrés émaillés brun et or reliés par des couronnes de fleurs est rehaussé de quadrillages d'or

sur les entre-deux émaillés gros bleu. Époque Louis XV (Lettre I. 1761).

70 — Deux Assiettes à bords festonnés en ancienne porcelaine de Sèvres pâte tendre, décorées au centre d'un bouquet de fleurs; le marli à fond gros bleu caillouté d'or présente trois réserves décorées de fleurs. Époque Louis XV.

71 — Trois Assiettes à bords festonnés en ancienne porcelaine de Sèvres pâte tendre, décorées d'oiseaux dans un paysage au centre; le marli gaufré à grains d'orge offre des jetés de fleurs polychromes.

72 — Assiette à bords festonnés en ancienne porcelaine de Sèvres pâte tendre, à marli bleu lapis rehaussé d'or avec réserves de fleurs et branches de fleurs au centre. Époque Louis XV.

73 — Assiette à bords festonnés en ancienne porcelaine de Sèvres pâte tendre, décorée au centre d'un groupe de fruits et de fleurs. Le marli à fond rose Pompadour rehaussé de dorure offre trois réserves de fleurs. Époque Louis XV. (Lettre X 1774)

74 — Très belle Assiette en ancienne porcelaine de Sèvres pâte tendre, fond bleu turquoise, présentant au centre le chiffre couronné de la grande Catherine de Russie, surmonté de la couronne impériale et entouré de deux branches

de laurier. Le marli présente un bandeau bleu turquoise rehaussé de rinceaux d'or et placé entre deux couronnes de fleurs. Des réserves à fond brun sont décorées de sujets de style antique et de bustes de membres de la famille impériale de Russie en grisaille.

Cette assiette provient du service de l'impératrice Catherine II.

75 — Six belles Assiettes à bords festonnés en anciennne porcelaine blanche de Sèvres, pâte tendre, à rosaces et côtes gaufrées en spirale et dentelle d'or au bord extérieur du marli.

Epoque Louis XV (Lettre D 1756).

76 — Cinq Assiettes à bords festonnés en ancienne porcelaine de Sèvres, pâte tendre, décorées au centre d'attributs guerriers et de jardinage en camaïeu carmin.

Le marli, gaufré à grain d'orge, est rehaussé de fleurs en camaïeu carmin. Epoque Louis XV (Marque au point).

77 — Deux Assiettes à bords festonnés en ancienne porcelaine de Sèvres, pâte tendre, décor dit feuille de choux à festons et bouquets de fleurs et offrant au centre un trophée d'instruments de jardinage. Epoque Louis XV.

78 — Quatre Assiettes creuses de même porcelaine et de même décor que les assiettes qui précèdent.

79 — QUATRE ASSIETTES à bords festonnés en ancienne porcelaine de Sèvres, pâte tendre, décorées de jetés de fleurs et offrant au marli des compartiments gaufrés à armoirie. Epoque Louis XV.

80 — DEUX BELLES ASSIETTES à bords festonnés gaufrés à coquilles et rehaussés de dorure, en ancienne porcelaine de Sèvres, pâte tendre, décorées au centre d'oiseaux dans un paysage et au marli d'oiseaux voltigeant alternant avec des branches de fruits gaufrées en relief. Première période.

81 — DEUX ASSIETTES à bords festonnés en ancienne porcelaine de Sèvres, pâte tendre, décorées au centre d'un oiseau dans un paysage.

Le marli est à fond vert et œils de perdrix. Epoque Louis XVI.

82 — DEUX ASSIETTES en ancienne porcelaine de Sèvres, pâte tendre, décorées au centre d'une couronne de feuillages et de roses. Le marli présente des bouquets de roses et des palmes entre deux zônes à fond bleu turquoise. Marque R. F. (République française.)

83 — SIX ASSIETTES en ancienne porcelaine de Sèvres, pâte tendre, décorées au centre d'un bouquet de pensées et au marli d'une couronne de roses entre deux bandes bleues rehaussées de dorure. Marque R. F. (République Française.)

84 — Deux Assiettes à bords festonnés en ancienne porcelaine de Sèvres, pâte tendre, décorées au centre d'un bouquet de roses, encadré d'un large filet d'or et au marli de jetés de roses et de myosotis entre deux filets d'or autour desquels s'enlacent des festons de lauriers.

85 — Deux Assiettes à bords festonnés en ancienne porcelaine de Sèvres, pâte tendre, décorées d'une double couronne de myosotis s'enlaçant autour d'un filet carmin et offrant au centre une large rose. Époque Louis XVI. (Lettres F. F. 1782.)

86 — Belle Assiette à bords festonnés en ancienne porcelaine de Sèvres, pâte tendre, à médaillon d'oiseaux dans un paysage, au centre, encadré d'une couronne de roses sur fond brun. Le marli à fond brun et ornements en camaïeu bleuâtre présente douze réserves de formes variées dont trois à oiseaux, trois à rinceaux d'or sur fond blanc, trois à bouquets de roses sur fond bleu et les trois dernières à bouquets en grisaille sur fond rose. Époque Louis XVI. (Lettres M. M. 1788.)

87 — Assiette à bords festonnés en ancienne porcelaine de Sèvres, pâte tendre, décorée au centre d'un oiseau sur un arbuste.

Le marli, à fond vert et œils de perdrix, offre des compartiments encadrés de dorure et renfermant des oiseaux et des insectes. Époque Louis XVI. (Lettres C. C. 1779.)

88 — Assiette en ancienne porcelaine de Sèvres, pâte tendre, décorée de myosotis et offrant au marli des médaillons renfermant des fleurs sur fond brun et des oiseaux sur fond vert reliés par des guirlandes de roses, avec couronne de feuillages d'or sur fond bleu.

89 — Assiette à bords festonnés en ancienne porcelaine de Sèvres, pâte tendre, à marli gaufré à arceaux et branches de feuillages et jetés de fleurs en couleurs. Époque Louis XV. (Lettre A. 1753.)

90 — Assiette à bords festonnés en ancienne porcelaine de Sèvres, pâte tendre, décorée au centre d'une couronne de fleurs. Le marli gaufré à branches de fruits dorées, est décoré de trois groupes ou trophées d'instruments ou d'attributs divers. Époque Louis XV.

91 — Assiette à bords festonnés en aneienne porcelaine de Sèvres, pâte tendre, décorée au centre d'un bouquet de fleurs et de fruits. Le marli fond vert-pomme rehaussé d'ornements et festons de fleurs en or offre trois compartiments de fleurs. Époque Louis XV. (Lettre X. 1774.)

92 — Assiette analogue à celle qui précède mais un peu moins riche.

93 — Assiette à bords festonnés en ancienne porcelaine de Sèvres, pâte tendre, décorée au fond de jetés de fleurs. Le marli émaillé bleu de roi offre trois compartiments de fleurs encadrés d'ornements et de branches de fleurs dorés. Cette assiette a été peinte par Tallandier. Époque Louis XV. (Lettre I. 1761)

94 — Deux Assiettes en ancienne porcelaine de Sèvres, pâte tendre, à bords festonnés, décorées au centre d'un bouquet de fleurs encadré de bleu rehaussé d'entrelacs de feuillages en or. Le marli décoré de deux bandes bleues analogues est rehaussé d'une couronne de fleurs. (Lettres Q Q. 1792)

95 — Assiette à bords festonnés en ancienne porcelaine de Sèvres, pâte tendre, décorée de jetés de fleurs et offrant au marli des ornements composés de filets bleus et de dorure. Époque Louis XV. (Lettre I. 1761)

96 — Assiette à bords festonnés en ancienne porcelaine de Sèvres, pâte tendre, décorée au centre et au marli de rinceaux et d'entrelacs de feuillages et de bouquets de fleurs. Époque Louis XV. (Lettre Y. 1775.)

97 — ASSIETTE à bords festonnés en ancienne porcelaine de Sèvres, pâte tendre, décorée au centre et au marli de médaillons renfermant une rose avec entourage de perles sur fond bleu. Les médaillons du marli sont reliés par des roses, des myosotis et des festons de feuillages. Époque Louis XVI.

98 — ASSIETTE à bords festonnés en ancienne porcelaine de Sèvres, pâte tendre, décorée au centre d'une couronne de fleurs et au marli de hachures bleues, de festons de lauriers et de bouquets de fleurs. Epoque Louis XV. (Lettre X 1774.)

99 — ASSIETTE à bords festonnés en ancienne porcelaine de Sèvres, pâte tendre, décorée de jetés de roses. Le marli à pois d'or entourés d'œils de perdrix rouges, verts et bleus, offre trois réserves ovales encadrées d'or et renfermant chacune une rose. Époque Louis XVI. (Lettres I I. 1785.)

100 — ASSIETTE à bords festonnés en ancienne porcelaine de Sèvres, pâte tendre, à bouquet de fleurs au centre encadré d'une bande bleue rehaussée de festons de perles d'or. Le marli offre une bande analogue ainsi que des petites branches de fleurs posées dans le sens des rayons. Époque Louis XVI. (Lettres G G. 1783.)

101 — Assiette à bords festonnés en ancienne porcelaine de Sèvres, pâte tendre, décorée au centre d'un bouquet de roses, et au marli, de réserves renfermant des bouquets de roses et des pensées, reliées entre elles par des festons de feuillages et des ornements en or, se détachant sur un fond à œils-de-perdrix bleu et or. Époque Louis XVI. (Lettres F F. 1782.)

102 — Assiette en ancienne porcelaine de Sèvres, pâte tendre, décorée au centre d'un bouquet de fleurs encadré d'un filet bleu rehaussé de perles d'or. Le marli offre deux filets semblables, entre lesquels se déroulent des entrelacs de feuillages en or et couleurs. Époque Louis XVI. (Lettres G G. 1783.)

103 — Assiette à bords festonnés en ancienne porcelaine de Sèvres, pâte tendre, décorée au centre d'un bouquet de roses et au marli d'une bande bleue à festons bordés d'or d'où s'échappent des branches de fleurs. Époque Louis XVI. (Lettres H H. 1784.)

104 — Assiette en ancienne porcelaine de Sèvres, pâte tendre, décorée au centre d'un bouquet de roses et d'une couronne d'ornements et au marli d'une double bande bleue à pois d'or avec fleurettes et bouquets de fleurs dans les entre-deux et dans les médaillons. Époque Louis XVI.

105 — ASSIETTE en ancienne porcelaine de Sèvres, pâte tendre, décorée d'une courone de volubilis au marli et d'un bouquet de fleurs au centre. (Marque R F.)

106 — ASSIETTE en ancienne porcelaine de Sèvres, pâte tendre, décorée d'un bouquet de fleurs au centre, dans un médaillon composé d'une bande bleue à pois d'or. Le marli à plis verdâtres et ornements bruns et or est décoré de festons de fleurettes. Époque Louis XVI.

107 — ASSIETTE à bords festonnés en ancienne porcelaine de Sèvres, pâte tendre, décorée d'un bouquet de roses au centre avec entourage d'ornements d'or sur fond violacé et d'une double couronne d'ornements verts. Le marli, décoré de même, est semé de fleurettes et de médaillons renfermant des roses. Epoque Louis XVI, (Lettres G G. 1783.)

108 — ASSIETTE à bords festonnés en ancienne porcelaine de Sèvres, pâte tendre, semée de fleurettes d'or. Le marli à imbrications bleues, rinceaux d'or et festons de roses, offre également un large filet bleu autour duquel s'enroule un ruban bleu. Époque Louis XVI. (Lettres C C 1779.)

109 — ASSIETTE CREUSE à bords festonnés en ancienne porcelaine de Sèvres, pâte tendre, déco-

rée au fond d'un large bouquet de fleurs et au marli d'ornements d'or sur fond bleu turquoise. (Marque R. F.)

110 — Deux Assiettes creuses en ancienne porcelaine de Sèvres, pâte tendre, semées de roses et de pensées.

111 — Assiette creuse en ancienne porcelaine de Sèvres, pâte tendre, semée de pensées et offrant au centre une rose, encadrée, ainsi que le bord extérieur du marli, d'une couronne d'ornements d'or sur fond bleu.

112 — Assiette creuse à bords festonnés en ancienne porcelaine de Sèvres, pâte tendre, semée au centre et au marli de pois bleus rehaussés d'or et encadrée de larges bandes bleues à pois d'or.

PORCELAINES DE SAXE

113 — Grand Surtout de table de forme oblongue à contours à fond de glace, et galerie composée de plaques cintrées et droites, en ancienne porcelaine de Saxe, à ornements rocaille découpés et rehaussés de dorure, reliées entre elles par des dauphins en bronze ciselé et doré. La partie inférieure de la pièce, aussi en bronze doré, simule la chute d'une nappe d'eau.

Long., 1 m. 35 cent.; larg., 65 cent.

114 — Grande et belle Pièce de milieu en ancienne porcelaine de Saxe, composée d'un groupe de deux nymphes et de deux enfants, l'un d'eux portant une gerbe de blé, et l'autre un panier de fleurs.

Ce groupe, monté en bronze doré, supporte une corbeille oblongue, en ancienne porcelaine de Saxe, décorée de fleurs et à haute galerie découpée à jour.

Dans cette corbeille se trouve un bouquet composé de fleurs en ancienne porcelaine de Saxe et de Sèvres, avec branches et feuilles en métal peint.

La plinthe en bois doré offre à chacun de ses angles une figurine d'enfant représentant une des saisons.

Haut., 83 cent.; larg., 35 cent.

115 — Deux jolis Groupes en ancienne porcelaine de Saxe, composés chacun de quatre figures d'enfants, et représentant l'un l'Été et l'autre l'Automne.

Haut., 16 cent.; larg., 19 cent.

116 — Joli Groupe en ancienne porcelaine de Saxe, composé de quatre figurines d'enfants, et représentant les Saisons.

Haut., 21 cent.; larg., 16 cent.

117 — Deux jolies Statuettes debout, près d'un vase, et reposant sur des terrasses rocaille, en ancienne

porcelaine de Saxe; elles représentent l'Été et l'Automne, figurés par Cérès et Bacchus.

Haut., 22 cent.

118 — Groupe en ancienne porcelaine de Saxe, représentant Vénus et l'Amour dans un char.

Haut., 18 cent.; long., 13 cent.

119 — Six jolis Drageoirs formés chacun d'une figurine à demi-couchée, tenant une corbeille oblongue, en ancienne porcelaine de Saxe. Deux représentent des Bergers Watteau, et les quatre autres, des bergères.

Haut., 12 cent.; lag., 17 cent.

120 — Deux Flambeaux en bronze doré, ornés de figurines de berger et de bergère, en ancienne porcelaine de Saxe, placées sous des bouquets entourés de fleurettes de porcelaine.

Haut., 15 cent.

121 — Deux Flambeaux semblables à ceux qui précèdent.

122 — Deux petites Corbeilles quadrangulaires en ancienne porcelaine de Saxe, gaufrées à vannerie, décorées de fleurs et à deux anses formées de branchages.

Larg., 65 millim.

123 — DEUX CORBEILLES analogues à celles qui précèdent, mais plus petites.

Larg., 50 millim.

124 — DEUX PETITES CORBEILLES OVALES de même porcelaine, et de décor analogue.

Largeur., 62 millim.

125 — DEUX CORBEILLES RONDES en ancienne porcelaine de Saxe, contenant des fleurettes en ancienne porcelaine de Sèvres et reposant sur des socles en bronze doré ornés aux angles d'enfants assis, en ancienne porcelaine de Saxe, figurant les Saisons. Ces figurines sont assises sur des feuillages en bronze doré garnis de fleurs de porcelaine.

Haut., 33 cent.; larg., 28 cent.

126 — DEUX PETITS CHENETS en ancienne porcelaine de Saxe, composés chacun d'une figurine représentant l'Hiver, assise sur un socle carré et d'une galerie découpée à jour. Ces diverses parties sont reliées entre-elles à l'aide de branches de fleurs exécutées en cuivre peint et en porcelaine. Ces chenets reposent chacun sur une plinthe en bronze.

Haut., 24 cent.; larg., 35 cent.

127 — DEUX CHENETS analogues à ceux qui précèdent.

Haut., 24 cent.; larg., 35 cent.

128 — Grand Lustre, dit des *Amours*, à vingt-huit lumières, en bronze doré, modèle à consoles garnies, ainsi que les branches, de festons de feuillages dorés, avec fleurs d'ancienne porcelaine de Sèvres et de Saxe, et enrichies d'un grand nombre de figurines d'amours en ancienne porcelaine de Saxe. Entre les consoles se trouve une jardinière en ancienne porcelaine tendre de Saint-Cloud, décorée de fleurs et contenant un bouquet garni de fleurettes de porcelaine. La tige de suspension est également entourée de feuillages dorés et de fleurs de porcelaine de Sèvres et de Saxe.

Haut., sans la tige, 1 m.; diam., 1 m.

129 — Petit Lustre à quatre lumières, composé de branchages en bronze doré garnis de fleurs, en ancienne porcelaine de Sèvres et de Saxe, et enrichi de deux figurines d'enfants en vieux Saxe. La tige de suspension est garnie de même.

Haut., sans la tige. 60 cent.; diam., 50 cent.

130 — Petite Lanterne carrée en bronze doré, garnie dans tous ses contours de branchages dorés et de fleurs en ancienne porcelaine de Sèvres et de Saxe. Elle offre de plus, sur sa face, deux figurines d'amours en vieux Saxe, et sa tige dorée, entourée de feuillages dorés et de fleurs de porcelaine offre à sa partie inférieure une couronne composée de fleurettes en porcelaine.

Haut., sans la tige, 45 cent.; diam., 24 cent.

131 — Deux Bras appliques composés chacun d'un candélabre Louis XV à deux lumières, en bronze doré, modèle rocaille, enrichi d'une figurine et de fleurs en ancienne porcelaine de Saxe, et reposant à l'extrémité d'une branche garnie de feuillages en bronze doré et de fleurs en ancienne porcelaine tendre de Sèvres et de porcelaine de Saxe.

Haut., 35 cent.; larg. totale, 40 cent.

132 — Petite Lanterne a main du temps de Louis XV en bronze ciselé et doré, garnie de fleurettes de porcelaine de Sèvres et de Saxe.

Haut., 12 cent.

133 — Deux grands Vases en ancienne porcelaine de Saxe, modèle rocaille à deux anses, fond vert rehaussé d'or et larges médaillons de personnages dans le goût de Watteau encadrés d'ornements dorés. Les couvercles sont formés de groupes composés l'un d'un enfant et d'un tigre, l'autre d'un enfant assis sur un bouc couché. Ils sont garnis d'une gorge et d'une base en bronze ciselé et doré.

Haut. totale, 1 m.; larg., 48 cent.

134 — Deux petits Groupes en ancienne porcelaine de Saxe, représentant l'un un fleuve, et l'autre une rivière, figurés par un vieillard et une jeune femme s'appuyant sur une urne renversée. Chacun de ces groupes est monté sur un socle en bronze doré garni de branchages et de fleurettes en porcelaine

et supporte l'un une sphère terrestre et l'autre une sphère céleste. Contre-socle en bois doré. Époque Louis XV.

Haut. totale, 22 cent.

135 — Petite Coupe ronde en laque noir, décorée de fleurs en or et garnie d'une monture rocaille à deux anses en bronze doré. Elle contient un bouquet de fleurs en ancienne porcelaine de Sèvres et de Saxe. Époque Louis XV.

Haut., (sans le socle en marbre bleu turquin), 26 cent.; larg., 22 cent.

136 — Petit Lustre à quatre lumières, formé de branchages en cuivre doré, garnis d'un grand nombre de fleurs en ancienne porcelaine tendre de Sèvres et en porcelaine de Saxe.

Haut., 70 cent.

137 — Petit Flambeau ou bougeoir modèle rocaille en bronze doré, orné d'un petit buste de femme en ancienne porcelaine de Saxe. Époque Louis XV.

Haut., 18 cent.

138 — Belle garniture de trois Vases en forme de gourde, en ancienne porcelaine de Saxe fond violacé et larges médaillons de paysages avec figures finement peints en couleurs; ils sont montés sur des pieds et garnis de gorges en bronze ciselé et doré.

Haut., 48 et 39 cent.

139 — Écrin garni en étoffe de soie blanche à fleurs brodées. Il contient un très beau plateau oblong à contours, une cafetière, un pot à crême, une petite théière, un sucrier à quatre lobes avec couvercle, deux tasses et trois soucoupes, le tout en ancienne porcelaine de Saxe, décoré de médaillons de paysages avec figures, de fleurs et d'insectes, avec rehauts d'ornements dorés.

140 — Tête-a-tête en ancienne porcelaine de Vienne à bord rouge orangé, rehaussé d'un ruban vert, sujets de personnages en couleurs et médaillons paysages en grisaille. Il se compose d'un plateau oblong à contours avec galerie à jour, une cafetière, un pot à crême, une petite corbeille à sucre et deux tasses avec soucoupes. Dans un étui garni d'étoffe ancienne à fond rouge et fleurs brochées.

141 — Petit Plateau ovale en ancienne porcelaine de Saxe, à fleurs gaufrées en relief et décoré de fleurs peintes.

SERVICES

EN PORCELAINE DE SAXE

142 — Service de Table en ancienne porcelaine de Saxe, à fleurs et ornements gaufrés en relief et décoré de jetés et festons de fleurs et de groupes d'oiseaux.

Il se compose de :
Soixante-sept assiettes.
Quatres compotiers ronds à côtes.
Deux compotiers ronds à lobes.
Quatre compotiers forme feuille.
Quatre plateaux forme feuille.
Deux plateaux ovales à contours et à deux anses.
Quatre plateaux analogues, mais plus petits.

143 — Soixante-neuf Assiettes et trois Bols ou Saladiers à contours, en ancienne porcelaine de Saxe, décorés de groupes d'oiseaux dans des paysages et d'insectes au marli, avec dentelles d'or au bord.

PORCELAINES DIVERSES

144 — Deux Vases ovoïdes en ancienne porcelaine tendre de la fabrique de Buen-Retiro, décorés de sujets de chasse au cerf et au sanglier. Ils sont garnis de montures de style Louis XVI en bronze ciselé et doré à prédouches et anses mufles de lion.

Haut., 60 cent.

145 — Deux Seaux en ancienne porcelaine tendre et blanche de Saint-Cloud, à anses à mascarons et à fleurs et ornements gaufrés en relief. Époque Louis XV.

Haut., 15 cent.; diam., 17 cent.

146 — DEUX FLAMBEAUX en ancienne porcelaine tendre de Chelsea, composés chacun d'un groupe de deux figures, nymphe assise sur un socle rocaille à quatre pieds et enfant tenant une branche porte-lumière. Décor polychrome à fleurs et ornements. 640

Haut., 27 cent.

147 — Sifflet en ancienne porcelaine tendre de Chelsea, formé d'une tête de chien, décorée au naturel.

148 — DEUX VASES de forme ovoïde à deux anses à perles, en porcelaine dure, fond gros-bleu, décorés de bouquets de fleurs en or et garnis d'une monture en bronze ciselé et doré composée d'une base à angles arrondis et rentrants et surmontés d'une couronne royale.

Haut., 51 cent.

149 — DEUX PETITS VASES en forme de balustre, à pans, en ancienne porcelaine italienne, à anses, mascarons dorés et décor polychrôme, de style chinois, à paysages, fleurs et ornements.

150 — DEUX JARDINIÈRES ou cache-pots, légèrement évasés avec socles mobiles, en ancienne porcelaine dure du temps de Louis XVI, décorés de zônes horizontales de fleurs et d'ornements, alternant en couleurs et en grisaille sur fond d'or.

Haut., 18 cent.; diam., 16 cent.

151 — Petit Vase à col évasé et garni de deux anses formées de mascarons dorés, en porcelaine dure du temps de Louis XVI, décoré de bandes verticales de feuillages verts avec entre-deux composés d'ornements dorés. Il repose sur un socle en manganèse rose de Russie, garni de moulures en bronze ciselé et doré.

Haut. du vase, 17 cent.
Haut. du socle, 17 cent.

152 — Quatre Tasses droites avec soucoupes, une grande cafetière et un sucrier, en ancienne porcelaine dure de la fabrique du comte d'Artois (Barrachin, directeur), décorées de jeux d'amours en couleurs et d'une dentelle d'or au bord.

153 — Théière de forme ovoïde de même porcelaine, et à décor de même style.

154 — Petit Plateau oblong à contours, à deux anses formées de nœuds simulés, petite théière à panse ovoïde et pot à crême, en ancienne porcelaine dure, décorés de jeux d'amours en couleurs et à entrelacs d'or au bord, avec raies bleues.

155 — Deux Trépieds en biscuit de Sèvres, du temps de Louis XVI, montés sur des socles en bronze ciselé et doré.

PORCELAINE DE CHINE

156 — Deux jolis Vases en forme de balustre en ancienne porcelaine mince de la Chine, décorés d'un sujet familier exécuté en émaux de couleurs, dans le gout des assiettes de porcelaine mince. Très belle qualité.

Ils sont garnis de montures à anses, couvercle et piédouche en bronze ciselé et doré, du temps de Louis XVI, avec bases ornées de plaques de lapis et socles en marbre bleu-turquin.

Haut. totale, 38 cent.

FAIENCE DE DELFT

157 — Deux Flambeaux à tige carrée et base octogone, en ancienne faïence de Delft, à décor polychrome, rehaussé d'or à fleurs, oiseaux et ornements. Marque A. P. K.

Haut., 18 cent.

BOITES ORNÉES DE MINIATURES

PAR VAN BLARENBERGHE

158 — Boite ovale en or guilloché, ornée de deux miniatures par Van Blarenberghe. La miniature

du couvercle représente le retour du baptême, dans un intérieur rustique; cette scène se compose de seize figures. La miniature du fond représente la visite à la nourrice, et se compose de douze personnages.

Ces miniatures sont remarquables par le soin apporté à leur exécution et leur admirable conservation. Elles sont montées dans des cadres à réverbère en or et celle du couvercle est cerclée par un filet d'émail bleu. Cette boîte a été reproduite en chromolithographie dans *Le XVIIIe siècle, Lettres, Sciences et Arts*, par Paul Lacroix, Didot 1878.

159 — Boite ronde du temps de Louis XVI, en or ciselé à perles en relief, et décorée de panneaux d'émail gris-perle sur fond guilloché. Le couvercle est orné d'une miniature par Van Blarenberghe, représentant une fête de village composée de plus de quatre-vingt figures de la plus grande finesse d'exécution. Elle est signée V. Blarenberghe, et elle est encadrée d'un cercle émaillé à pois blancs, et d'entre-lacs émaillés verts.

160 — Petite Boite oblongue du temps de Louis XVI, en or guilloché et émaillé vert, avec encadrements et pilastres ciselés à rosaces et ornements. Le dessus est orné d'une miniature par Van Blarenberghe, représentant une scène champêtre; composition charmante de quatorze figures. Elle est signée V. Blarenberghe.

161 — PETITE BOITE OVALE du temps de Louis XVI, en or guilloché, émaillé rouge, avec cordons émaillés bleu et entre-deux ciselés à fleurs. Le dessus de la boîte est décoré d'une miniature ovale, par VAN BLARENBERGHE, qui mesure 17 milli. de larg. et 13 milli. de haut. Cette miniature représente le transport du rocher qui sert de base aujourd'hui à la statue de Pierre-le-Grand, à Saint-Pétersbourg. Malgré ses proportions excessivement exigües, il est possible de se rendre compte du travail qui s'accomplit. Chaque groupe qui compose ce petit tableau a sa physionomie propre, et l'ensemble est traité de la façon la plus remarquable. L'encadrement de ce médaillon se compose de deux figurines d'amours en or ciselé, reposant sur des ornements et des festons de fleurs, et supportant une couronne impériale exécutée, ainsi que quelques ornements qui décorent le couvercle en petites roses de Hollande.

Cette boîte est accompagnée de son étui en galuchat portant en argent les armes impériales de Russie.

TABATIÈRES ET BONBONNIÈRES

162 — BELLE BOITE OVALE en or de couleur ciselé à rinceaux, festons de laurier et vases. Le dessus est enrichi d'une peinture sur émail par PETITOT de la

plus belle qualité et représentant le portrait de Turenne.

Cette boîte a été exécutée par Mathis de Beaulieu orfèvre du roi Louis XVI, et provient de la vente de la collection Demidoff qui eut lieu en 1863.

Le portrait a été gravé dans l'ouvrage intitulé : *Les Émaux de Petitot*, Paris, Blaisot, éditeur.

163 — Boite ronde du temps de Louis XVI en or guilloché et émaillé brun orangé, enrichi d'un rang de demi perles au bord du couvercle et de cordons ciselés en relief et émaillés à points d'émail imitant l'opale et feuillages verts au pourtour et au fond. Le dessus offre à son centre un des des plus beaux émaux de Petitot, représentant le portrait d'Anne d'Autriche.

164 — Belle Boite ovale Louis XVI en or guilloché émaillé vert, avec cordons et pilastres en or ciselé en relief et émaillés à feuillages verts et ornements. Le bec est enrichi de branches de fleurs exécutées en diamants et le couvercle offre à son centre une peinture sur émail de forme ovale en hauteur par Petitot, représentant Louis XIV jeune. Ce médaillon est entouré d'un rang de roses et d'un tore de lauriers en or ciselé relié par des rubans émaillés rouge.

165 — Boite ovale en or émaillé en plein à médaillons marines et sujets de style oriental sur le couvercle

et au pourtour. Un des médaillons a été rapporté. Les divers sujets qui décorent cette boîte sont encadrés de fleurs en relief, en or de couleur ciselé et gravé. Époque Louis XV.

166 — Jolie Boite oblongue en or émaillé en plein du temps de Louis XV, décorée de six médaillons représentant des sujets champêtres dans le goût de Boucher. Ces sujets sont encadrés d'ornements et de trophées en or de couleur ciselé.

167 — Boite ronde en écaille ornée d'une plaque ronde en ancienne porcelaine de Sèvres pâte tendre, représentant la peinture entourée par les Grâces.

Cette peinture d'une exécution remarquable, est signée *C.-N. Dodin, d'après Lagrenée en 1792.*

Dodin, premier peintre de figures à Sèvres avait fait pour sa famille, dans ses moments de loisirs cette boîte qui devait être, en cas de besoin, une ressource pour les siens. C'est un des plus beaux échantillons de la peinture sur porcelaine tendre de Sèvres.

Cette boîte est accompagnée d'une lettre de la dernière propriétaire de la boîte, Mme veuve Auguste Dodin à M. Double.

168 — Jolie Boite oblongue à angles coupés en or guilloché émaillé jaune d'or et enrichie de cordons et pilastres finement ciselés et émaillés en relief

à feuillages verts et points d'émail blanc et bleu. Le dessus est décoré d'une peinture ovale sur émail représentant deux Amours allumant un cœur sur l'autel de l'Amitié.

Cette boîte porte sur la gorge l'inscription suivante : *Au petit Dunkerque* (célèbre magasin qui existait à Paris sous Louis XVI).

169 — Grande et belle boîte à deux tabacs de forme contournée en sardoine orientale rubannée de très belle nuance et montée à cage en or gravé et émaillé à fleurs en relief. Beau travail du temps de Louis XV.

170 — Jolie Boite oblongue à angles coupés en laque rouge, montée à cage en or ciselé et enrichie de cinq médaillons en or finement ciselé encadrés de festons de lauriers et représentant des jeux d'Amours. Celui du couvercle représente cinq Amours dénichant des oiseaux et ceux du pourtour, trois Amours avec tambours, trois Amours jouant au Colin-Maillard, un Amour faisant des bulles de savon et un Amour tenant un oiseau. Le fond est décoré d'une rosace.

Cette boîte a été exécutée par Auguste Laterre orfèvre du Roi, vers 1760.

171 — Grande Boite ovale du temps de Louis XV en vernis de Martin, à fond bleu incrusté d'ornements et de fleurs en or, formant encadrements,

et à quatre médaillons de forme contournée peints sur émail et représentant un sujet champêtre ainsi que des groupes de fruits et des attributs de jardinage. Cette boîte est doublée en or.

172 — Boite ronde en écaille doublée en or. Le dessus est orné d'une jolie miniature par G. Van Spaendonck représentant un vase et un bouquet de fleurs. Cette miniature est montée dans un cadre à réverbère en or.

173 — Boite ronde genre vernis de Martin, montée à gorge à charnière en or et représentant des sujets allégoriques et des jeux d'Amours sur fond d'or.

174 — Très petite Boîte de style Louis XVI en or guilloché émaillé rouge, et enrichie de cordons et pilastres ciselés et émaillés en couleurs.

MINIATURES

175 — Jolie Miniature gouachée par *Hall 1789*. — Portrait en pied de Mlle de St-Aubin dans le rôle de Babet. Elle est vêtue d'une robe claire garnie de fleurs et coiffée d'un chapeau de même nuance. Elle tient une corbeille de fleurs.

Dans un joli cadre en bois sculpté et doré surmonté d'un écusson encadré de branches de lauriers et de guirlandes de fleurs.

Haut. sans cadre, 24 cent ; larg., 17 cent.
Haut. du cadre, 49 cent.; larg., 33 cent.

176 — JOLIE MINIATURE GOUACHÉE attribuée à *Fragonard*. — Elle représente la Duthé dans un riche costume de théâtre et dansant.

Haut., 18 cent.; larg., 15 cent.

BIJOUX

177 — BEL ÉVENTAIL du temps de Louis XVI avec riche monture en nacre sculptée à figures et ornements rehaussés de dorure. La feuille représente une scène tirée de la *Jérusalem délivrée*, épisode de Renaud et d'Armide.

178 — CARNET PORTE-TABLETTES du temps de Louis XVI en poudre d'écaille rose, monté en or ciselé et enrichi d'un côté d'un portrait de femme peint en miniature sur ivoire, et de l'autre d'un fixé représentant une scène champêtre, attribué à de Lioux de Savignac.

179 — ÉTUI CYLINDRIQUE en anciennne porcelaine de Sèvres pâte tendre, fond gros bleu à cordons réservés en blanc et enrichi de zones d'ornements exécutés en émaux rapportés en relief sur fond d'or et imitant les pierres précieuses.

180 — BIJOU PENDENTIF formé d'une topaze entourée d'ornements en argent enrichis de rubis et de roses

et orné à son centre d'une petite plaque d'or émaillé représentant les attributs de l'inquisition. XVIIe siècle.

Une note collée dans le vieil étui en maroquin doré porte : Décoration du grand inquisiteur cardinal Torquemada.

181 — COUTEAU à manche d'ivoire dont l'extrémité est garnie en argent niellé et armorié. XVIe siècle.

182 — PETIT COUTEAU Louis XIII à manche en argent ciselé à figures, repercé à jour et doré.

183 — COUTEAU A DESSERT à double lame d'or et d'acier et manche en nacre de perle incrusté d'or. Époque Louis XV.

184 — PAIRE DE CISEAUX avec monture en argent ciselé et doré et anneaux formés de cariatides de femmes. Époque Louis XIII.

185 — PAIRE DE CISEAUX en argent ciselé et doré du temps de Louis XVI, avec gaîne en argent gravé et repercé à jour.

186 — CLEF EN FER à tête composée d'ornements finement ciselés et repercés à jour. XVIIIe siècle.

187 — PETITE CLEF à tête ciselée et découpée à jour. XVIIe siècle.

188 — Clef analogue à celle qui précède. Le canon de celle-ci est travaillé.

ORFÊVRERIE

189 — Beau Médaillon ovale en argent repoussé et finement ciselé du temps de Louis XVI, représentant le buste de la reine Marie-Antoinette de profil à gauche, en riche costume, et portant une haute coiffure. Ce médaillon est monté dans un cadre en fer ciselé, portant le blason de France, appliqué sur fond de velours noir, et le tout est placé dans un très beau cadre du temps, en bois sculpté et doré, surmonté d'un carquois et d'une branche de rose.

Ce médaillon porte dans le bas la lettre initiale L.

Voici ce qu'en dit le catalogue des objets exposés à Trianon : « Le cadre en fer guilloché a été fait de main de maître dans l'atelier de serrurerie de Louis XVI et tous deux y ont travaillé, le roi et son compère Gamain. » *Catalogue de Trianon*, par M. de Lescure, Paris 1867.

Haut. du médaillon, 16 cent.
Haut. du cadre en fer, 31 cent.
Haut. du cadre en bois doré, 70 cent.

190 — Belle Écuelle en vermeil à deux anses plates finement ciselées, à ornements rocaille, et portant en

relief les armes du cardinal Farnèse. Le couvercle, décoré d'ornements gravés et de canaux creux en spirales, est surmonté d'un artichaut. Le plateau oblong et à contours offre une moulure à côtes et à ruban et présente à son centre les mêmes armoiries gravées.

Cette belle pièce porte le poinçon du célèbre orfèvre Thomas Germain (1680-1748), orfèvre du Roy, et provient de la vente de la reine d'Espagne.

En 1731, Élisabeth Farnèse (héritière du cardinal), mariée à Philippe V, roi d'Espagne, apporta à la maison espagnole de Bourbon le duché de Parme et de Plaisance.

Larg., 31 cent.

191 — Jolie Écuelle du temps de Louis XV, en argent, à deux anses plates ciselées à ornements et découpées à jour et à couvercle décoré au pourtour d'ornements repoussés et surmonté d'un groupe de roseaux et d'une écrevisse. Le plateau à bords festonnés est décoré d'oves ciselées.

Larg., 30 cent.

192 — Autre Écuelle du temps de Louis XV, en argent, à deux anses et attache du couvercle formées de branchages. Le couvercle repoussé est décoré d'ornements et porte deux écussons armoriés en relief. Le Plateau à bords contournés et à oves ciselées est décoré d'ornements et de feuillages gravés.

Diam. du plateau., 26 cent.

193 — Belle paire de Girandoles du temps de Louis XVI, en argent ciselé, composées de flambeaux à tiges cannelées ornées de festons de lauriers et de bouquets porte-lumières à trois branches, se rattachant à un vase orné de trois mufles de lion.

Haut., 39 cent.

194 — Deux beaux Flambeaux du temps de Louis XV, en argent ciselé, à tige ornée de festons de laurier et base à canaux creux, enrichie d'ornements rocaille.

Haut., 27 cent.;

195 — Soupière ronde en argent à deux anses et à quatre pieds feuillagés du temps de Louis XV. Le couvercle, de travail moderne, est surmonté d'une figurine d'enfant accroupi, tenant une corne d'abondance.

Diam., 24 cent.

196 — Plat ovale du temps de Louis XVI, en argent, orné au bord d'un tore de lauriers.

Grand. diam., 37 cent.

197 — Plat rond d'entrée de même modèle que celui qui précède et de même époque.

Diam., 30 cent.

198 — Deux plats analogues à celui qui précède, mais plus petits et provenant du même service.

Diam., 27 cent.

199 — Plat rond à contours en argent, portant le poinçon de Thomas Germain (lettre Q, année 1737), bordé d'oves ciselées.

Diam., 28 cent.

200 — Plat rond à contours et creux en argent, à bord godronné. Époque Louis XV.

Diam., 26 cent.

201 — Porte-Huilier du temps de Louis XV, en argent, de forme oblongue, à deux anses et à galeries composées de rinceaux feuillagés. Il est accompagné des bouchons des burettes.

Larg., 28 cent.

202 — Autre Porte-Huilier en argent ciselé du temps de Louis XVI, avec plateau oblong, orné d'un rang de perles et galeries composées de festons de vigne et de pieds à volutes. Il est accompagné des bouchons des burettes.

Larg., 31 cent.

203 — Joli Service composé de deux bouts de table et de quatre salières en argent ciselé, à pieds à vo-

lutes, guirlandes de lauriers et médaillons. Les bouts de table sont garnis de cristal blanc et les salières de verre bleu. Époque Louis XVI.

Larg. des bouts de table, 10 cent.
Diam. des salières, 7 cent.

204 — Sucrier oblong à deux anses, avec plateau et couvercle en argent gravé, à guirlandes de feuillages et armoiries, le couvercle est surmonté d'une rose. Époque Louis XV.

Larg. du sucrier, 19 cent.
Larg. du plateau, 23 cent.

205 — Sucrier analogue à celui qui précède. Les guirlandes qui décorent le plateau, la panse et le couvercle de celui-ci sont repoussés et ciselés en relief. Le bouton du couvercle est formé de trois fraises. Époque Louis XV.

Larg. du sucrier, 16 cent.
Larg. du plateau, 24 cent.

206 — Petit Service a café en argent gravé, à feuillages et ornements ciselés. Il se compose d'une petite cafetière, un pot à crême, une cocotte et un plateau oblong à contours, reposant sur quatre griffes de lion. Époque Louis XV.

Larg. du plateau, 26 cent.

207 — Moutardier avec plateau oblong en argent repoussé à coquilles et feuillages et galerie à orne-

ments découpés. Le moutardier en verre bleu a un couvercle en argent orné de perles en relief. Époque Louis XV.

Larg. du plateau, 20 cent.

208 — BEAU SUCRIER OVALE à deux anses, avec intérieur en verre bleu et monture en argent, décorée de figurines et de guirlandes de vigne. Son plateau à gorge et à canaux creux offre dans sa partie inférieure une frise de feuillages découpés à jour. Époque Louis XVI.

Haut., 19 cent.; larg., 21 cent.

209 — THÉIÈRE CYLINDRIQUE en argent gravé à festons de feuillages, goulot à tête de canard et bouton formé d'une graîne. L'anse est en bois noir. Époque Louis XVI.

Haut., 11 cent.

210 — DEUX PELLES A GLACE en vermeil du temps de Louis XVI, avec manches en bois noir. Ouvrage poinçonné de Thomas Germain.

211 — DOUZE COUTEAUX à lames d'acier, manches nacre et garnis en or. Époque Louis XVI. Les lames portent le nom de C. Duroy, à Langres.

ARMES EUROPÉENNES

212 — MOUSQUET A ROUET, avec monture forme dite pied de biche, richement incrustée d'ivoire et de

nacre gravés à sujets de chasse et ornements. Le canon est gravé et doré. XVIe siècle.

213 — PETIT MOUSQUET A ROUET de même travail, avec monture couverte d'incrustations d'ivoire gravé à feuillages. Le canon porte l'inscription : In Brvnn. XVIe siècle.

214 — DEUX PISTOLETS A ROUET à crosse sphérique, dont les montures sont couvertes d'incrustations d'ivoire gravé à sujets de chasse. XVIe siècle.

215 — AUTRE PISTOLET A ROUET, avec monture en bois uni. XVIIe siècle.

216 — ARQUEBUSE DE CHASSE A ROUET, dont la monture en bois sculpté est enrichie d'incrustations d'argent. La batterie et le canon sont gravés et dorés en partie.

Travail allemand du XVIIe siècle.

217 — BELLE ÉPÉE, avec poignée à large garde, à double coquille en fer doré, repercé à jour. La lame longue est finement gravée et porte une longue inscription dorée.

Cette pièce qui provient de la collection de M. le comte de Courval, a appartenu au maréchal d'Ancre dont elle porte les devises.

218 — ÉPÉE avec poignée à triple garde et à quillons droits, incrustée d'argent, à mascarons têtes d'enfants, rosaces et ornements. La lame porte le nom d'Hernanès. XVIe siècle.

219 — ÉPÉE avec poignée à triple garde en cuivre doré et incrusté de médaillons ronds, renfermant des médailles antiques flanquées de figurines d'enfants en relief. XVIe siècle.

220 — ÉPÉE à poignée à triple garde et à quillons droits en fer noir, avec pommeau cannelé. XVIe siècle.

221 — DAGUE avec garde et pommeau couverts de riches incrustations d'argent à cariatides et rinceaux. Le fourreau de velours rouge est garni de même, et la lame est striée et repercée à jour. XVIe siècle.

222 — GRANDE ÉPÉE à deux mains à lame flamboyante et à poignée à longs quillons droits unis.

223 — COUTEAU à manche en ivoire sculpté, à tête de lion et à lame effilée, finement gravée et dorée, portant les armes du pape Urbin.

224 — BEAU HAUSSE-COL en fer finement gravé et doré, décoré de médaillons de guerriers entourés de

rinceaux feuillagés, dans lesquels se jouent des oiseaux, et enrichi de larges filets réservés en noir et en rouge. Beau travail de la fin du XVIe siècle.

Voir les *Merveilles de l'Art et de l'Industrie.* Paris, Jules Mesnard, 5me fascicule.

225 — PULVÉRIN à panse hémisphérique, en cuir gaufré à rinceaux, oiseaux et figures d'animaux avec garniture en fer. Travail italien du XVIe siècle.

226 — CARTOUCHIÈRE couverte de fines incrustations d'os gravé à rinceaux. Garniture en fer noir. Travail allemand du XVIe siècle.

227 — AMORÇOIR de forme circulaire, en argent doré, orné sur chacune de ses faces d'une peinture sur émail, représentant une figure équestre en costume du temps. Époque Louis XIV.

228 — AMORÇOIR de même forme, en cuivre ciselé et doré. Il offre sur chacune de ses faces un bas-relief représentant un sujet ayant trait à l'histoire d'Hercule. XVIe siècle.

229 — HALLEBARDE EN FER portant sur une de ses faces les armes gravées de Montmorency, et sur l'autre, le mot **ΑΠΛΑΝΩΣ**. La hampe en velours rouge, cloutée de cuivre est garnie d'un fort gland à sa partie supérieure.

ARMES ORIENTALES

230 — Beau Casque à bombe sphérique cannelée se terminant en pointe, avec garde nuque, visière et pare-oreilles, entièrement couvert d'entrelacs gravés et dorés.

Ce casque, de forme orientale, mais dont la gravure rappelle les armes allemandes du XVIe siècle, aurait appartenu à Ivan le Terrible.

231 — Casque a bombe sphérique couverte d'ornements damasquinés d'or; il est garni de deux porte-plumets et d'une maille fine découpée. Ancien travail persan.

232 — Belle et ancienne Armure persane en damas, avec large bordure décorée d'ornements damasquinés en or. Elle se compose d'un casque à bombe sphérique garnie d'une maille fine, d'un corselet à quatre plaques et de deux brassards.

233 — Rondache en fer repoussé à rayons en spirale et à quatre bossettes saillantes, dorées, ainsi que les rayons. Ancien travail persan.

234 — Plaque de Corselet en damas à rosaces, quadrilles et bordure damasquinés d'or. Ancien travail indien.

235 — Deux Brassards en damas couverts d'entrelacs damasquinés en or, avec gantelets de fines mailles. Ancien travail indien.

236 — Beau et ancien Fusil indien, avec batterie à mèche et long canon richement damasquiné en or. La crosse est garnie en argent.

237 — Fusil marocain avec batterie à pierre. La monture est couverte d'incrustations d'argent et de coraux.

238 — Deux Pistolets dont la monture est couverte d'ornements en argent doré et repercé à jour. Travail oriental.

239 — Deux autres Pistolets avec crosses sphériques. Travail oriental.

240 — Hache de cornac, en fer damasquiné d'or, avec lame et pointe dentelées. Ancien travail indien.

241 — Hache d'armes en damas ciselé à étoiles et damasquinée d'or. Travail persan.

242 — Masse d'armes de même travail, enrichie de parties argentées.

243 — Fer de lance avec douille damasquinée d'or. Travail persan.

244 — Beau Kathar indien avec poignée à double branches reliées par une double traverse en fer damasquiné d'or. La lame est décorée de figures d'animaux ciselés en relief. Le fourreau de velours ponceau est orné d'une rosace garnie de topazes.

245 — Poignard à lame courbe en damas et poignée en jade blanc verdâtre gravé, se terminant par une fleur et deux boutons et enrichie de turquoises incrustées. Travail indien. Le fourreau de velours rouge est garni en argent doré.

246 — Baton de derviche formant épée et dont la lame est richement damasquinée en or. La béquille est en jade vert gravé à feuilles et incrustée de rubis. Le fourreau est couvert d'étoffe à fond bleu.

247 — Fer de lance décoré sur ses deux faces de branches de feuillages richement incrustées d'or.

248 — Poignard à lame droite en damas, à ornements en relief, avec poignée en morse garnie ainsi que le fourreau, en argent doré incrusté de coraux.

249 — Petit Poignard à manche en ivoire gravé et clouté de métal. Le fourreau en cuir est garni en argent ciselé, doré et niellé.

250 — BEAU POIGNARD à lame évidée en damas, avec manche en buffle garni, ainsi que le fourreau en velours vert, en damas damasquiné d'or. Travail persan.

251 — MARTEAU D'ARMES en fer damasquiné d'or et manche en velours.

252 — YATAGAN avec fourreau en argent repoussé et doré.

253 — SABRE à lame courbe en damas damasquiné d'or avec poignée en corne garnie, ainsi que le fourreau, en argent doré.

254 — SABRE à lame courbe en damas et poignée en ivoire avec fourreau garni, ainsi que la poignée, en fer ciselé.

255 — POIGNARD avec lame droite en damas damasquiné d'or et manche en agate orientale. Le fourreau est couvert en velours rouge.

256 — GIBECIÈRE en velours vert et rouge, brodée en soie de couleurs et en or. Travail oriental.

257 — LOT DE FLÈCHES indiennes et japonaises.

MARBRES

258 — BUSTE en marbre blanc de Montesquieu, grandeur nature, sur base carrée, orné d'un tore de lauriers et portant le nom gravé de MONTESQUIEU.

La tête, tournée vers la droite, se présente de trois quarts; la chemise négligemment ouverte est garnie d'un double jabot et les épaules sont couvertes par une draperie.

259 — FUT DE COLONNE en marbre vert des Pyrénées avec moulure de marbre blanc sculpté à feuilles et embase carrée en marbre griotte.

Haut. totale, 1 m. 37 cent.

260 — BELLE CHEMINÉE du temps de Louis XVI en marbre bleu turquin richement garnie de bronze ciselé et doré. La frise se compose d'un mascaron central placé dans un médaillon rond soutenu par des cariatides de génies ailés se terminant en rinceaux, de festons de fleurs, de corbeilles de fruits, de dragons ailés et de mufles de lion. Les montants à volutes sont cannelés et ornés de chutes composées de branches de vigne. Au-dessus des volutes sont des couronnes de vigne et les côtés offrent un thyrse autour duquel s'enroulent des pampres.

Des rangs de perles dorées encadrent les diverses parties de cette belle pièce.

Haut., 1 m. 10 cent.; larg., 1 m. 59 cent.; prof., 54 cent.

261 — Deux petites Tables-consoles accompagnant la cheminée qui précède. Elles se composent d'un motif profilé formant tablette, supporté par un montant droit et une colonnette cannelée, le tout en marbre bleu turquin avec chapiteaux, tigettes, moulures et rangs de perles en bronze ciselé et doré. Époque Louis XVI.

Haut., 99 cent.; larg., 25 cent; prof., 28 cent.

262 — Marbre blanc. — Deux colonnettes ioniques à cannelures en spirale ornées de tigettes sculptées. Elles vont en s'amincissant vers la base.

Haut., 1 m. 09 cent.

263 — Marbre blanc. — Deux consoles de suspension en marbre verdâtre, ornées sur leur face d'un mufle de lion rapporté en marbre blanc et tenant dans sa gueule une couronne de fleurs en bronze ciselé et doré. La tablette de dessus est de marbre blanc et elle est supportée par une moulure à feuilles en bronze ciselé et doré.

Haut., 28 cent.; larg., 26 cent.

264 — Deux Gaines en marbre rosé des Pyrénées, de forme rectangulaire.

Haut., 1 m. 30 cent.; larg. du dessus, 35 cent.

JEUX ET OBJETS VARIÉS

265 — Pharmacie de voyage de François II en forme de cabinet en bois d'ébène fermant à deux portes, avec ustensiles, boîtes et bouchons des flacons en en argent doré. Un des tiroirs renferme vingt-cinq petites boîtes cylindriques en ivoire guilloché.

Cette pièce repose sur une table oblongue à pieds tords en bois noir, avec dessus et soubassement en velours noir et galons d'or.

Haut., 34 cent.; larg., 35 cent.

266 — Jeu d'Échecs formant boîte en marqueterie de l'Inde, avec pièces en ivoire sculpté peint en rouge et en vert.

Ce jeu aurait été offert en 1680 à Louis XIV par l'ambassade siamoise. Les pièces représenten, des anglais et des indous. La boîte en marqueterie porte incrustés en cuivre le chiffre et le soleil de Louis XIV.

267 — Boite a jeux en velours vert, contenant quatre boîtes de diverses nuances en ivoire finement gravé à figures, fleurs et ornements, et contenant elles-mêmes des jetons d'ivoire gravé.

Nous trouvons à l'intérieur de la boîte une notice dont nous donnons ici copie :

Cette boîte de Reversi avec devises légères composées par Louis XV pour Mme de Romance, servait habituellement dans les salons de Ver-

sailles au jeu du soir de l'Œil-de-Bœuf. Le petit écrin de velours vert devint le caprice de Mme du Barry et la suivit à la conciergerie pour y tromper les ennuis de sa captivité. Après la mort de la du Barry, ses geôliers remirent ce coffret à Barras, un des cinq membres du Directoire. Au milieu d'une brillante fête donnée par ce directeur au jeune vainqueur d'Italie, notre jeu de reversi eut le plus grand succès et passa maintes fois des mains de Joséphine dans celles de Bonaparte. Bien des années après, ce bijou vendu à l'encan, fut reconnu et pieusement racheté par Mlle de Romance, qui, morte dans l'indigence, légua ce précieux souvenir à Mme la comtesse de Montelé, sa bienfaitrice.

Long., 19 cent.; larg., 15 cent.

268 — Boite a jeux en laque à fond noir. Les boîtes intérieures sont incrustées de nacre et renferment des fiches en nacre gravée. xviiie siècle.

Long., 19 cent.; larg., 14 cent.

269 — Petite Boite rectangulaire en ancien laque du Japon, décorée de paysages en or sur fond noir. Elle renferme un plateau de même travail.

Long., 12 cent.; larg., 9 cent.

270 — Bloc de cristal de roche enfumé, composé d'aiguilles naturelles.

271 — Petit Dévidoir en cuivre gravé et repercé à jour, décoré de fleurs de lis et d'écureuils. xviiie siècle.

Haut., 19 cent.

272 — Petite balance Louis XVI à tige en bronze doré et socle ovale en marbre blanc avec rang de perles en bronze.

Haut., 25 cent.

PENDULES

273 — Magnifique Pendule en marbre blanc, sculptée par Falconet. Elle se compose de trois figures de nymphes nues debout, reliées entre elles par des festons de fleurs et entourant un fût de colonne cannelée servant de base à un vase à deux anses décoré de festons de feuilles de chêne et qui contient le mouvement à cadran tournant. Ces diverses parties reposent sur un socle carré décoré au pourtour de bas-reliefs représentant des jeux d'enfants et le tout, moins le couvercle du vase, a été pris dans un seul bloc de marbre.

Cette pièce exceptionnelle qui réunit à l'élégance de sa composition le fini le plus achevé, repose sur une plinthe de bronze doré unie.

Diderot qui dans ses œuvres parle avec éloge de

cette pendule a dit : Elle montre tout excepté l'heure.

Haut., 80 cent.; larg., 38 cent.

274 — Curieuse Pendule du temps de Louis XVI, formée d'un buste de négresse en bronze dont la coiffure et les vêtements ainsi qu'un feston de fleurs contournant la poitrine sont en bronze ciselé et doré au mat. Ce buste dont les yeux marquent les heures, porte dans un médaillon un chiffre exécuté en roses et repose sur un socle oblong, à ressauts, en marbre blanc décoré de bas-reliefs et d'appliques en bronze finement ciselé et doré au mat représentant des jeux d'enfants, des vases, des rinceaux et des attributs. Sur ce socle et à droite et à gauche du buste, sont deux figures d'Amours assis tenant des branches de fleurs. Il renferme une musique.

Une plaque d'émail à fond bleu porte le nom de *Furet, horloger du roi.*

On lit dans les Mémoires secrets (de Bachaumont) *pour servir à l'Histoire de la République des lettres en France depuis MDCCLXII jusqu'à nos jours* ou Journal d'un observateur etc. Tome vingt-sixième A Londres *chez* John Adamson *MDCCLXXXVI*. Page 93 :

4 juillet 1784. On va voir chez M. Furet, horloger, trois pendules de sa composition très curieuses.

La première représente une négresse en buste,

dont la tête est supérieurement faite. Elle est historiée très élégamment et avec beaucoup de richesse et d'ornements. Elle a, suivant le costume, deux pendeloques d'or aux oreilles. En tirant l'une, l'heure se peint dans l'œil droit, et les minutes dans l'œil gauche. En tirant l'autre pendeloque, il se forme une sonnerie à airs différents qui se succèdent.

Haut., 74 cent.; larg., 41 cent.

275 — TRÈS GRANDE ET TRÈS BELLE PENDULE du temps de Louis XV composée d'ornements rocaille en bronze ciselé et doré et façade ornée de tuyaux d'orgue. Sur le devant, et disposées sur trois degrés, se trouvent vingt figurines de singes musiciens en ancienne porcelaine de Saxe. La partie supérieure de cette pièce remarquable est encadrée ainsi que les côtés de festons de fleurs en ancienne porcelaine de Saxe.

Le socle en bois d'acajou renferme un jeu d'orgue.

Cette pendule provient du château de Rambouillet et a appartenu à la duchesse du Maine

Haut. totale, 1 m. 30 cent.; larg., 85 cent.

276 — AUTRE BELLE PENDULE du temps de Louis XV en bronze doré, composée d'ornements rocaille et enrichie de vingt-deux figurines d'amours en ancienne porcelaine de Saxe et d'un groupe représentant Vénus et l'Amour dans un char, éga-

lement en vieux saxe, et reposant sur des nuages de bronze doré.

Mouvement de Masson à Paris.

Haut. totale, 70 cent.; larg., 52 cent.

277 — Belle Pendule du temps de Louis XVI composée de trois figurines de femmes nues debout, en bronze, reliées entre elles par des guirlandes de fleurs en bronze ciselé et doré au mat et supportant de leurs bras surélevés une sphère en bronze bleui qui renferme le mouvement à cadran tournant, garnie ainsi que le socle en marbre blanc, d'ornements en bronze ciselé et doré au mat. La sphère est également surmontée d'une figurine d'amour assis sur des nuages et tenant un flambeau en bronze doré.

Haut., 72 cent.

278 — Beau Cartel du temps de Louis XV en bronze ciselé et doré composé d'ornements rocaille et de branches de fleurs et surmonté d'une figurine d'enfant tenant un soleil.

Mouvement de Roisin à Paris, à grande sonnerie.

Ce cartel est rapporté sur un fond de bois sculpté et doré à ornements rocaille, ajoutant à l'importance de la pièce.

Haut., 72 cent.; larg., 40 cent.

279 — Pendulle du temps de Louis XV en bronze finement ciselé et doré au mat et marbre blanc.

Louis XV, debout, vêtu à la romaine, la main droite appuyée sur une rame fleurdelysée, montre de la main gauche la couronne royale enrichie de perles et de pierreries posée sur un socle qui contient le mouvement de Bouchet à Paris. Ce socle est couvert de fleurs de lys rapportées en relief et le cadran est encadré de festons de fleurs et de fruits reliés par un ruban. A droite, un trophée d'armes et un rouleau à demi ouvert, sur lequel on lit : Fontenoy 1745 Traité de paix. La base est décorée sur sa face d'un bas-relief en bronze doré représentant l'apothéose du roi Louis XV, et sur les côtés, de deux sujets de bataille également en bas-relief.

Le socle en marbre bleu turquin est orné d'un bas-relief rectangulaire qui représente une vue de ville et de fleurs de lys. Il repose sur quatre patins en bronze doré.

Haut., 60 cent.; larg., 44 cent.

280 — Jolie Pendule à cadran tournant placé dans un vase à panse ovoïde et à deux anses à mascarons, en bronze ciselé et doré, reposant sur un socle carré à angles coupés également en bronze ciselé et doré, enrichi, ainsi que le vase, d'ornements exécutés en stras et cailloux du Rhin.

Un serpent s'enroulant sur le socle et appuyant la tête sur le vase marque l'heure à l'aide de son dard. Époque Louis XVI.

Une plaque placée derrière le socle porte l'inscription suivante écrite à rebours afin de pouvoir être lue dans une glace : *Pendule ayant appartenue à Marie Antoinette, reine de France et appartenant maintenant à Théodore* DE ROSIERS.

Haut., 52 cent.

281 — PENDULE du temps de Louis XVI en forme de pyramide, en marbre blanc et bronze doré au mat ornée d'une applique composée d'un trophée d'armes et d'une draperie et surmontée d'un aigle tenant dans ses serres un plan de Yorktown. Mouvement de Revel à Paris. Elle repose sur un socle rectangulaire en marbre bleu turquin orné d'appliques en bronze ciselé et doré au mat

Haut., 73 cent.

282 — CHARMANTE PETITE PENDULE du temps de Louis XVI, formée d'un fût de colonne cannelée en marbre blanc contenant le mouvement et surmonté d'un vase à cadran tournant marquant les quantièmes, sur lequel repose une figurine d'amour en bronze ciselé et doré au mat. Le fût de colonne est garni de tigettes en bronze ciselé et doré, et le cadran est entouré de festons de fleurs.

Haut , 50 cent.

283 — PENDULE du temps de Louis XVI, à cadran tournant placé dans un vase en bronze ciselé et doré, garni de deux anses bustes de femmes. Ce vase, dont le piédouche est entouré par un serpent dont le dard vient marquer les heures, repose sur un socle carré en bronze ciselé et doré ; garni de plaques de marbre vert antique. Ce socle renferme le mouvement de Lepaute et repose sur une plinthe de marbre vert antique garnie d'appliques en bronze ciselé et doré et supportée elle-même par quatre patins en forme de toupie.

Haut., 53 cent.

284 — PETITE PENDULE du temps de Louis XVI en bronze ciselé et doré au mat surmontée d'un groupe de deux colombes et d'un flambeau posés sur des nuages et ornée à droite et à gauche de trophées d'armes et d'instruments de musique. Le socle en marbre blanc est orné de deux rosaces et d'un bas-relief en bronze doré représentant des jeux d'amours. Le contre-socle est en marbre bleu turquin.

Haut., 35 cent.

285 — PETITE PENDULE Louis XVI en forme de vase, ovale de plan, en marbre blanc, garni d'ornements et surmontée d'un groupe de fruits en bronze ciselé et doré au mat. Socle en marbre blanc et contre-socle en marbre bleu turquin.

Haut.. 36 cent.

LUSTRES EN CRISTAL DE ROCHE

ET LANTERNES

286 — MAGNIFIQUE LUSTRE en cristal de roche, à seize lumières avec riche monture en bronze ciselé et doré et parties bleuies. Ce lustre est garni de grandes plaquettes, d'étoiles, de fleurs de lys et d'une superbe gerbe de fleurs et de fruits s'échappant d'un vase placé à son centre; le tout en cristal de roche de très belle qualité. Il est terminé à sa partie inférieure par une très forte boule entourée par quatre boules plus petites.

Haut., 2 m.; Diam., 1 m. 20 cent.

287 — AUTRE LUSTRE en cristal de roche à trente lumières, modèle à consoles en bronze doré. Il est garni de plaquettes, de pyramides, de belles pièces d'enfilage et se termine à sa partie inférieure par une forte boule unie.

Haut., 1 m. 60 cent; Diam., 1 m. 10 cent.

288 — JOLI LUSTRE en cristal de roche à douze lumières, modèle à consoles en bronze doré. Il est garni d'une colonne centrale composée de belles pièces d'enfilage, de pendeloques et de festons de perles en cristal de roche et se ter-

mine à sa partie inférieure par une boule de très belle eau.

Haut., 1 m. ; Diam., 75 cent.

289 — GRANDE LANTERNE en bronze ciselé et doré, modèle à consoles, vases et festons de fleurs. Elle est enrichie de plaquettes, de pendeloques, d'étoiles et de boules en cristal de roche.

Haut., 90 cent.; diam., 72 cent.

290 — PETITE LANTERNE en bronze doré, ornée de consoles et de festons de fleurs. Elle est garnie de cristaux de roche. — La tige de suspension et le plateau supérieur sont également garnis de pendeloques en cristal de roche.

291 — LANTERNE analogue à celle qui précède.

CANDELABRES ET GIRANDOLES

292 — DEUX GRANDS CANDÉLABRES du temps de Louis XVI composés chacun d'un vase ovoïde en marbre blanc à deux anses têtes de boucs reliées par des festons de vigne et sur piédouche en bronze ciselé et doré. Cinq branches de lys porte-lumières en bronze doré s'échappent du vase qui repose sur une plinthe en granit vert des Vosges.

Haut., 1 m. 15 cent.

293 — Deux Candélabres du temps de Louis XVI, composés chacun d'une figure de vestale debout en bronze vert, portant un plateau sur lequel repose un vase élancé en bronze ciselé et doré au mat, décoré de bas-reliefs représentant des jeux de nymphes et de satyres. Cinq branches de roses porte-lumières en bronze doré au mat s'échappent de chacun de ces vases. Les socles bas en granit rose oriental sont montés en bronze doré.

Haut. 71 cent.

294 — Deux grands Candélabres du temps de Louis XVI formés chacun d'un vase ovoïde à culot godronné en marbre vert veiné de blanc, à anses têtes de satyres et à trois branches de lys porte-lumières en bronze doré. Le piédouche est orné d'un tore de laurier en bronze doré.

Haut. 1 mètre.

295 — Deux jolis Candélabres du temps de Louis XVI composés chacun d'un groupe de deux nymphes debout en bronze, tenant un bouquet de lys à cinq branches porte-lumières en bronze doré et reposant sur un socle rond cannelé en bronze ciselé et doré.

Haut. 85 cent.

296 — Deux jolis Candélabres du temps de Louis XVI formés chacun d'une bacchante debout portant

un thyrse d'où s'échappent trois branches-porte lumières garnies de feuillages et reposant sur un socle en marbre bleu turquin garni de guirlandes de fruits et de fleurs.

Haut. 70 cent.

297 — Deux grands Candélabres de style Louis XVI en bronze ciselé et doré au mat, modèle à trépied et vase ovoïde au centre, ornés de festons de fruits, de mascarons et de draperies et surmontés chacun de sept branches à rinceaux porte-lumières.

Haut., 1 m. 06 cent.

298 — Deux petits Candélabres du temps de Louis XVI en bronze ciselé et doré au mat, à figures de nymphes portant chacune un bouquet à trois branches porte-lumières à rinceaux et reposant sur un socle en manganèse rose de Russie.

Haut., 53 cent.

299 — Quatre grandes et très belles Girandoles du temps de Louis XV, en bronze ciselé et doré, composées chacune d'un grand flambeau modèle rocaille, portant, plusieurs fois répétées, les armes de Turenne en relief, et d'un bouquet à trois branches porte-lumières modèle rocaille.

Haut., 52 cent.

BRAS-APPLIQUES

300 — Deux jolis Bras-appliques du temps de Louis XVI, en bronze finement ciselé et doré au mat, à trois lumières, composés d'un flambeau supportant un groupe de colombes et s'échappant à sa partie inférieure d'un motif feuillagé orné de branches de fruits. Trois branches à rinceaux sont rattachées au flambeau à l'aide de rubans et deux d'entre elles sont reliées à l'aide d'une guirlande de fleurs. La branche centrale se termine par une cariatide d'Amour tenant un cœur.

Ces bras sont cités et gravés dans le catalogue du duc d'Aumont par M. le baron Davilliers comme un des plus beaux ouvrages de Gouthières.

Haut., 71 cent.

301 — Quatre jolis Bras-appliques du temps de Louis XVI, en bronze ciselé et doré, à trois branches porte-lumières, à rinceaux reliés à l'applique par des festons de lauriers. Cette dernière est surmontée d'un vase orné d'un mascaron et de festons de laurier.

Haut., 55 cent.

302 — Huit Bras-appliques du temps de Louis XV, à

deux branches porte-lumières en bronze ciselé et doré. Les branches s'échappent d'entrelacs contenant des branches de vigne, et le haut, orné de branches de fleurs, se termine par un nœud de ruban.

Haut., 59 cent.

303 — Deux petits Bras-appliques du temps de Louis XVI, en bronze doré, à deux branches porte-lumières s'échappant de la moustache d'un mascaron décorant l'applique.

Haut., 27 cent.

304 — Quatre Bras-appliques du temps de Louis XVI, en bronze ciselé et doré, ornés de têtes de boucs et surmontés d'un vase et à trois branches porte-lumières à rinceaux, reliées par des guirlandes de feuilles de chêne.

Haut., 56 cent.

305 — Deux Bras-appliques du temps de Louis XVI, en bronze ciselé et doré à l'or moulu, à trois branches à rinceaux porte-lumières reliées par des festons de lauriers. Les appliques, ornées de mufles de lion reliés par des festons de lauriers, se terminent à leur partie inférieure par des têtes de béliers, et elles sont surmontées de vases ornés de mufles de lion et de festons de laurier.

Haut. 65 cent.

FLAMBEAUX

306 — Deux très beaux Flambeaux, formés chacun d'une bacchante debout en bronze, tenant une branche de vigne porte-lumière et reposant sur un plateau rond en bronze ciselé et doré. Beau travail du temps de Louis XVI.

Haut., 57 cent.

307 — Deux magnifiques Flambeaux du temps de Louis XVI, en bronze ciselé et doré au mat, modèle à trépieds ornés de têtes d'enfants souffleurs ailés, de guirlandes de fruits et offrant à leur centre un carquois retenu par des chaînettes. La base à ressauts offre un flambeau flanqué de rinceaux se terminant par les doubles têtes d'aigles de la maison d'Autriche, ces dernières reliées par des draperies. Le porte-bougie est orné de festons de lauriers retenus par des rubans.

Ces flambeaux sont signés au-dessous : Martincourt; ils ont appartenu à Marie-Antoinette. (Voir *Catalogue de Trianon*, n° 28.) Ils ont été gravés dans l'ouvrage du baron Davillier. *Catalogue du duc d'Aumont.*

Haut., 30 cent.

308 — Deux très jolis Flambeaux du temps de Louis XVI, en bronze ciselé et doré au mat et marbre blanc. Chacun d'eux se compose d'une figurine d'enfant assis, tenant une corne d'abon-

dance et supportant un vase d'où s'échappe une branche d'œillet porte-lumière. Le socle cannelé est enrichi de tigettes feuillagées finement ciselées.

Haut., 41 cent.

309 — FLAMBEAU de bouillotte du temps de Louis XVI, en bronze ciselé et doré, à double plateau repercé à jour et à tige formée d'une colonnette cannelée.

Haut., 70 cent.

310 — DEUX GRANDS FLAMBEAUX du temps de Louis XVI, en bronze ciselé et doré, à tige cannelée et base décorée de couronnes de vigne.

Haut., 31 cent.

311 — DEUX PETITS FLAMBEAUX du temps de Louis XVI, en bronze ciselé et doré au mat, formés chacun d'une figurine d'enfant assis, supportant une coupe porte-lumière et reposant sur un socle en marbre blanc.

Haut., 19 cent.

312 — DEUX FLAMBEAUX du temps de Louis XIV, en bronze ciselé et doré, à tige à balustre, ornée, ainsi que la base, de médaillons bustes, et de trophées d'armes.

Haut., 25 cent.

313 — Deux Flambeaux bas du temps de Louis XV, modèle rocaille en bronze ciselé et doré.

Haut., 13 cent.

314 — Deux Flambeaux en bronze ciselé et doré du temps de Louis XVI, à tige cannelée et évasée, reposant sur une base à trois consoles, ornée de rosaces et de feuilles de laurier.

Haut., 19 cent.

315 — Deux Flambeaux Louis XV, modèle rocaille, en cuivre gravé, ciselé et doré.

Haut., 20 cent.

316 — Deux Flambeaux bas du temps de Louis XVI, en bronze ciselé et doré au mat, à tige droite cannelée et base ornée de festons de roses.

Haut., 13 cent

CHENETS

317 — Deux Chenets en bronze doré du temps de Louis XIV, composés chacun d'une cassolette sur pieds à consoles, reposant sur un socle triangulaire décoré de bustes de satyres et de bacchantes en bas-relief, encadrés d'ornements.

Haut., 34 cent.

318 — DEUX CHENETS en bronze doré du temps de Louis XIV, composés chacun d'un cheval se cabrant, couvert d'un tapis orné et reposant sur un socle oblong, à consoles aux angles, décoré au pourtour de médaillons, bustes en relief, de guirlandes de lauriers et d'ornements.

Haut., 33 cent.; larg., 31 cent.

319 — DEUX BEAUX CHENETS du temps de Louis XVI, composés chacun d'un flambeau debout soutenu par deux enfants bronzés, s'échappant de rinceaux en bronze ciselé et doré. La base, de forme rectangulaire, à ressaut, est enrichie d'une applique rapportée en bronze doré.

Haut., 45 cent.; larg., 35 cent.

320 — DEUX GRANDS CHENETS du temps de Louis XVI, en bronze doré, composés chacun d'une cassolette ovale à anses, têtes de lion, reposant sur un socle à galerie orné d'un médaillon-buste en bas-relief et de guirlandes de feuilles de chêne.

Haut., 41 cent.; larg., 45 cent.

321 — DEUX JOLIS CHENETS du temps de Louis XVI, en bronze ciselé et doré, composés chacun d'une cassolette à trépied reposant sur une galerie ornée de rinceaux et de cariatides rapportés et supportée par six pieds de biche. A l'extrémité de la galerie opposée à la cassolette, se trouve un trophée composé d'un carquois, d'un arc et d'une couronne.

Haut., 38 cent.; larg., 38 cent.

322 — Deux Chenets du temps de Louis XVI, en bronze ciselé et doré, modèle à cassolette à trépied ornée de guirlandes de fruits, et galerie décorée d'une applique formée de branches de laurier.

Haut., 45 cent.; larg., 43 cent.

323 — Deux Chenets du temps de Louis XVI, en bronze ciselé et doré, modèle à double vase, galerie et festons de fleurs.

Haut., 37 cent.; larg., 35 cent.

324 — Deux Chenets du temps de Louis XVI, en bronze doré, modèle à vase sur socle orné de festons de laurier et galerie à rosaces rapportées.

Haut., 60 cent.; larg., 57 cent.

325 — Deux très petits Chenets du temps de Louis XVI, formés chacun d'un lion couché, en bronze vert, sur un socle arrondi à ses extrémités en bronze doré, enrichi d'appliques à rinceaux.

Larg., 25 cent.

BRONZES DIVERS

326 — Deux belles Cassolettes ou brûle-parfums du temps de Louis XVI, en porcelaine de Sèvres, émaillée gros bleu et montées à trépieds à cariatides de femmes en bronze, reliées par des festons

de fluers en bronze ciselé et doré au mat. La coupe est unie à la partie supérieure de la pièce à l'aide d'une frise découpée à jour et décorée de palmettes finement ciselées. Un groupe de fruits et de fleurs également en bronze ciselé et doré au mat, décore la gorge supérieure. Le socle, triangulaire, à côtés cintrés et rentrants est en marbre blanc.

Haut., 67 cent.

327 — Deux Vases ovoides à culot godronné, avec couvercle et piédouche, en porphyre rouge oriental, garnis d'anses à têtes de Dauphins et d'ornements en bronze ciselé et doré. Socle ou plinthe de même matière et contre socle en marbre bleu turquin.

Hauteur totale, 54 cent.

328 — Deux Cassolettes ou brûle-parfums formés d'une urne en porphyre rouge oriental, montée sur piédouche et à anses à mascarons en bronze ciselé et doré à l'or moulu. Des flammes ornent les couvercles, et ils reposent sur des socles en marbre bleu turquin, avec monture en bronze doré. Époque Louis XVI.

Hauteur des vases, 22 cent.; des socles, 10 cent.

329 — Grand et beau Lustre de style Louis XV, à vingt-sept lumières en bronze ciselé et doré à l'or moulu, à tige et branches rocaille, enrichi de figures d'amours et d'oiseaux. Les amours portent des tours et des couronnes.

Haut., 1 m. 25 cent.; diam., 1 m. 25 cent.

330 — Quatre Bras appliques de style Louis XVI, en bronze ciselé et doré, avec vase bleui et à onze branches porte-lumières, modèle à rinceaux; ils sont enrichi de cristaux de roche.

Ces bras penvent former garniture avec le lustre en cristal de roche n° 286.

331 — Écritoire en bronze ciselé et doré, modèle rocaille, ornée de trois figurines de singes musiciens; l'un d'eux porte une hotte d'où s'échappe une petite branche garnie de fleurettes de porcelaine. Un écusson porte, gravées au burin, les armes de Mme de Pompadour.

FONTAINES EN PLOMB

332 — Belle Fontaine en plomb, doré en partie, par Falconet, composée d'une figure de nymphe debout, grandeur nature, entourée de roseaux, et ayant à sa droite et à sa gauche un canard et un chien disposés pour lancer l'eau. Ce groupe repose sur un rocher placé au centre d'une vasque décorée à l'imitation du marbre et supportée par deux dauphins dorés.

Ce groupe décorait, ainsi que celui qui suit une niche de l'hôtel de Mme d'Étioles, depuis, marquise de Pompadour, rue du Sentier.

Hauteur totale, 2 m. 50 cent.

333 — Belle Fontaine servant de pendant à celle qui précède. Celle-ci se compose d'une figure de suivante de Diane, également grandeur nature et accompagnée d'un chien et d'un héron.

Hauteur totale, 2 m. 48 cent.

334 — Autre jolie Fontaine à vasque ovale, en marbre rouge des Pyrénées surmontée d'un groupe en plomb peint composé d'une vasque ou coquille supportée par deux cariatides de femmes à queue de poisson et dans laquelle deux enfants tritons se tiennent à demi couchés; au-dessus, un dauphin debout.

Cette fontaine provient du Château d'Issy, ayant appartenu à Marguerite de Valois.

Haut., totale 2 m. 05 cent.

MEUBLES

335 — Grande et magnifique Bibliothèque en bois noir, fermant à deux portes vitrées, et avec tiroirs dans la partie inférieure à gorge. Elle est très richement ornée de bronzes ciselés et dorés à mascarons, têtes de femmes et de satyres et ornements.

Pièce remarquable du temps de Louis XIV. Elle provient du Château de Fontainebleau.

Haut., 2 m. 90 cent.; larg., 2 m. 23 cent.

336 — PETIT MEUBLE de la renaissance en bois de noyer sculpté, fermant à deux portes, avec tiroir au-dessous. Les angles sont ornés de doubles cariatides d'hommes et de femmes, supportant des corbeilles de fruits, et les portes sont décorées de cartouches, de mascarons, de mufles de lion, de groupes de fruits et de palmettes.

Ce meuble repose sur une table à tiroir de même style dont les pieds de devant sont formés de cariatides. Le fond de cette table se compose de panneaux sculptés en bas-relief qui représentent des guerriers et divers personnages debout.

Hauteur totale, 1 m. 96 cent.; larg., 1 m. 04 cent.

337 — CHARMANT BUREAU PLAT du temps de Louis XV, de forme contournée en bois de rose et bois satiné, richement garni de chutes et d'encadrements rocaille en bronze ciselé et doré. Le dessus garni de velours bleu est bordé d'un quart de rond en bronze doré et une tablette intérieure couverte de basane est encadrée de bronze finement gravé et doré.

Ce bureau a appartenu à Mesdames de France filles du Roi Louis XV et provient du Château de Meudon.

Long., 98 cent.; larg., 49 cent.

338 — BEAU BUREAU PLAT en bois satiné et bois de rose richement garni d'ornements rocaille en

bronze ciselé et doré. Le dessus couvert d'une basane est encadré d'une belle moulure en bronze doré. Époque Louis XV.

Long., 1 m. 78 cent.; larg., 82 cent.

339 — Deux belles Encoignures du temps de Louis XV, en ancien laque de Coromandel, décorées de sujets familiers peints en couleurs sur fond noir, et garnies d'encadrements et de chutes en bronze ciselé et doré composés d'ornements rocaille et de feuillages. Elles sont couvertes d'une tablette en brocatelle d'Espagne.

Larg., 85 cent.; prof., 64 cent.

340 — Table a ouvrage de forme ovale en marqueterie de bois enrichie d'incrustations d'ivoire. Le dessus encadré d'une galerie en cuivre découpé représente un paysage avec monuments et personnages et la tablette d'entre-jambes un trophée d'instruments de musique. Époque Louis XV.

Haut., 73 cent.; larg., 72 cent.

341 — Joli Métier à broder du temps de Louis XV, en bois sculpté à ornements rocaille et garni en fer.

Larg., 1 m. 23 cent.

342 — Deux Encoignures du temps de Louis XVI, en bois d'acajou garnies de moulures, d'encadrements et de fleurs de lis en bronze ciselé et doré. Elles

ferment à une porte avec tiroir au-dessus et sont couvertes par une tablette de marbre blanc. Ces meubles portent la signature de Riesener.

Larg., 60 cent.; prof, 70 cent.

343 — Commode du temps de Louis XVI, en bois de rose, garnie de bronzes ciselés et dorés. La frise se compose d'entrelacs de lauriers avec rosaces dans les entre-deux et les montants cannelés sont ornés de branches de fruits et de fleurs. Dessus de marbre blanc.

Larg., 1 m. 06 cent.

344 — Table tric-trac en bois de rose avec dessus formant damier et échiquier. Elle est garnie de rosaces et de chutes en bronze ciselé et doré. Époque Louis XVI.

Long., 1 m. 20 cent.; larg., 66 cent.

345 — Beau Régulateur du temps de Louis XVI avec cage en acajou richement garnie de bronze ciselé et doré et surmonté d'une sphère astronomique. Mouvement de Jollain.

Haut., 2 m. 60 cent. larg., 78 cent.;

346 — Joli petit Meuble ou table-bureau en marqueterie de bois de rose et d'érable à quadrillages et rosaces ,garni d'ornements rocaille en bronze ciselé et doré. Il est à quatre pieds cintrés reliés par une tablette d'entre-jambes, avec tiroirs au pourtour et

surmonté d'un casier fermant à l'aide de deux portes à coulisses. Ce meuble se termine à sa partie supérieure par une galerie découpée en cuivre doré. Époque Louis XV.

Haut., 75 cent.; larg., 46 cent.

347 — Jolie petite Table de Riesener de forme oblongue à angles coupés, à quatre pieds en fuseau et cannelés, en bois d'acajou, garnie de quelques ornements en bronze ciselé et doré. Le pourtour de la table est enrichi de huit plaques dont six de forme rectangulaire, et deux ovales, en ancienne porcelaine de Sèvres, pâte tendre, décorées de jetés de fleurs et encadrées de moulures en cuivre doré. Le dessus est marqueté à quadrillages. Cette table porte la signature de J.-N. Riesener.

Larg., 54 cent.

348 — Petit Bureau plat du temps de Louis XV, en marqueterie de bois à trophée d'instruments de musique et fleurs et garni de chutes et de sabots en bronze ciselé et doré.

Larg., 78 cent.

349 — Meuble d'entre-deux et à hauteur d'appui du temps de Louis XVI, de forme cintrée en bois d'acajou, avec frise de rinceaux et ornements en bronze ciselé et doré. Les côtés de la porte sont cintrés.

Haut., 90 cent.; larg., 1 m. 07 cent.; prof., 50 cent.

350 — Bureau bonheur du jour de style Louis XVI, en bois satiné garni de bronze ciselé et doré et enrichi de panneaux genre vernis de Martin, à bouquets de fleurs sur fond jaune clair. La partie inférieure du meuble est couverte par une tablette de marbre bleu turquin avec quart de rond en bronze doré. Ce meuble porte les chiffres, de Louis XVI et de Marie Antoinette.

Haut., 1 m. 20 cent.; larg., 93 cent.

351 — Deux Tables-étagères à trois faces, de style Louis XVI, de forme carrée, en bois noir, à double tablettes d'entre-jambes, pieds simulant des carquois et garniture de bronze ciselé et doré à entrelacs de fleurs, flèches et festons de fruits. Elles sont surmontées de tablettes de marbre violacé.

Haut., 1 m.; larg., 42 cent.

352 — Deux Tables a jouer en bois d'acajou sur pieds cannelés, garnies de quelques ornements, vases trophées et rangs de perles en bronze doré. Style Louis XVI.

Larg., 80 cent.

353 — Deux futs de colonnes de style Louis XVI, en bois dur avec embase, tore de laurier, chapiteau et festons de fleurs en bronze ciselé et doré.

Haut., 1 m. 32 cent.; diam. du plateau supérieur, 30 cent.

354 — Console du temps de Louis XVI, en bois

d'acajou sur quatre pieds a cannelures de cuivre et rosaces en bronze ciselé et doré. Le dessus et la tablette d'entre-jambes sont en marbre bleu turquin.

Larg., 80 cent.

355 — COMMODE du temps de Louis XVI, en bois de rose et marqueterie de bois enrichie d'incrustations d'ivoire. Elle offre sur sa face et sur les côtés, une vue de monument et des groupes de personnages en costumes du temps très finement exécutés. Les pans coupés offrent des cannelures simulées sur fond vert ainsi que le chiffre de Marie-Antoinette exécuté en nacre de perles. Les trois rangs de tiroirs sont garnis d'anneaux formés de couronnes de fleurs en bronze ciselé et doré au mat. Le dessus est composé d'une tablette de marbre bleu turquin.

Larg., 1 m. 22 cent.; prof., 57 cent.

356 — PETITE TABLE A OUVRAGE dite tricoteuse du temps de Louis XVI, de forme rectangulaire, en bois d'acajou, sur quatre pieds, à cannelures d'étain et de balustres en bronze ciselé et doré avec entre-jambes à entrelacs ornés de moulures ciselées avec groupe au centre composé de deux dauphins supportant une boule surmontée d'une fleur de lis en bronze doré.

Cette table, signée de J. H. Riesenet, a appartenu à la reine Marie-Antoinette. (Voir *Catalogue de l'Exposition de Trianon* n° 132).

Elle fut achetée à la vente du mobilier de Versailles.

Long., 57 cent.; larg., 35 cent.

357 — Très petite Table a ouvrage du temps de Louis XV, en marqueterie de bois à corbeilles de fleurs sur fond de bois de rose, garnie de chutes, de poignées et d'entrées de serrures en bronze ciselé et doré et à dessus de marbre bleu turquin. Ce charmant petit meuble est signé de Delorme et provient de la vente de Madame Campan. Il a servi au dauphin Louis XVII.

Haut., 69 cent.; larg., 30 cent.

358 — Seau a Couvercle ouvrant à charnière du temps de Louis XVI, de forme carrée à angles coupés, en bois de rose, garni de chutes de fruits et d'une frise à rinceaux dans sa partie inférieure en bronze ciselé et doré. Il repose sur quatre pieds également garnis d'ornements en bronze doré.

Nous trouvons à l'intérieur du couvercle l'indication suivante : *Seau d'atours de Marie-Antoinette, vient de la sucession du marquis de Calvière. Signé C.-C. Saunier.*

Haut., 52 cent.; larg., 30 cent.

359 — Jolie petite Commode du temps de Louis XVI, formant bureau avec tiroirs sur la face et sur les côtés et compartiment contenant une glace, en marqueterie de bois à rosaces. Les angles coupés sont ornés de vases de fruits et de chutes en bronze

ciselé et doré au mat. Pieds droits avec cannelures simulées et dessus en manganèse rose de Russie encadré d'une galerie en cuivre doré découpée à jour.

Larg., 60 cent.

360 — Commode du temps de Louis XVI en marqueterie de bois de rose à vase de fleurs, quadrillages et rosaces, garnie d'ornements en bronze ciselé et doré et à dessus en marbre brèche d'Alep.

Larg., 1 m. 26 cent.

361 — Jolie petite Table de nuit modèle rognon, en marqueterie de bois à fleurs et ornements et à porte à coulisses. Elle est garnie de quelques ornements de bronze ciselé et doré et le dessus de marbre est encadré d'une galerie en cuivre découpé et doré. Époque Louis XV.

Larg., 52 cent.

362 — Belle Commode du temps de Louis XVI formant bureau, en bois d'acajou, garnie d'ornements très fins en bronze ciselé et doré par Gouthières. Dessus de marbre rouge du Languedoc. Ce joli meuble a appartenu à la reine Marie-Amélie et se trouvait au château de Neuilly.

Larg., 1 m. 17 cent.

363 — Jolie Table-Bureau formant toilette à angles arrondis en bois d'acajou, garnie d'ornements et

d'une galerie en bronze ciselé et doré. Les quatre pieds en fuseau sont cannelés. Époque Louis XVI.

Larg., 82 cent.

364 — Petite Table Louis XVI formant bureau et écran, en bois d'acajou, reposant sur quatre pieds carrés avec appliques de cuivre poli et enrichie d'ornements en bronze ciselé et doré; tablette intérieure en marbre blanc.

Larg., 61 cent.

365 — Coffre rectangulaire à couvercle légèrement bombé couvert en maroquin rouge, doré au fer et portant sur le couvercle les armes de France et de Marie-Antoinette.

Ce coffre passe pour avoir été le coffre à dentelles de la reine. Il repose sur une table en bois doré dont le dessus et le pourtour sont garnis d'une broderie sur fond crème.

Coffre. Haut., 20 cent.; larg., 89 cent.
Table. Haut., 75 cent.; larg., 92 cent.

366 — Grande Écritoire rectangulaire en marqueterie de cuivre et écaille rouge garnie d'ornements en bronze ciselé et doré. Ses extrémités sont ornées de bustes de suivants de Bacchus. Époque Louis XIV.

Long., 51 cent.; larg., 33 cent.

367 — Petite Glace carrée à biseaux avec cadre en marqueterie d'écaille et d'ivoire, garni d'écoinsons en cuivre repoussé et doré et de médaillons bustes en argent. Époque Louis XIII.

Haut., 42 cent.; larg., 37 cent.

368 — Pupitre en Acajou et bronze doré garni de quelques ornements de bronze doré.

369 — Joli Meuble-vitrine du temps de Louis XVI, en bois d'acajou, orné de moulures et d'encadrements en bronze doré. Les deux portes et les côtés sont vitrés, les tablettes intérieures sont en glaces.

Haut., 1 m. 45 cent.; larg., 1 m. 10 cent.

370 — Joli petit Bureau bonheur du jour du temps de Louis XVI, en bois de citronnier richement garni de frises à rinceaux et de chutes en bronze ciselé et doré, fermant à portes et à tiroirs et garni de deux tablettes de marbre blanc. La tablette inférieure est encadrée d'une galerie en cuivre découpé.

Haut., 1 m. 09 cent.; larg., 70 cent.

371 — Petit Bureau en marqueterie de bois à fleurs et ornements en couleurs sur fond bois de rose. Il est garni de chutes et de sabots en bronze ciselé et doré.

Cette table a un compartiment qui ouvre à ressort

et qui renferme cinq tiroirs et une tablette à écrire. Époque Louis XV.

Larg., 66 cent.

372 — MONTRE PLATE de style Louis XVI, en bois d'acajou garnie d'ornements en bronze ciselé et doré, sur pieds cannelés.

Larg., 80 cent.

373 — PETIT CHEVALET du temps de Louis XVI, en bois d'acajou garni de quelques ornements de bronze ciselé et doré.

Haut., 1 m. 35 cent.

374 — GRANDE CONSOLE du temps de Louis XVI, arrondie à ses extrémités en bois d'acajou, sur pieds formés de colonnes cannelées et garnie d'ornements en bronze ciselé et doré. La tablette d'entre-jambes est en acajou, celle de dessus est en marbre bleu turquin et encadrée d'une galerie découpée à jour et à draperie en bronze doré. Ce meuble est signé RIESENER.

Larg., 1 m. 40 cent.

375 — PETITE TABLE SERVANTE de forme ovale, de même travail que la console qui précède. Cette table est enrichie à ses deux extrémités d'appliques finement ciselées en bronze doré et composées de rinceaux et d'un carquois ailé.

Larg., 75 cent.

MEUBLES EN BOIS DORÉ

376 — CHARMANTE CONSOLE en bois sculpté et doré, avec frise découpée à jour supportée par six pieds cannelés en vis et avec chapiteaux ioniques reliés par des festons de fleurs et de fruits. L'entre-jambes à X est orné à son centre par une figurine d'Amour, assis sur une corne d'abondance et se posant la couronne royale sur la tête ; près de lui la boule du monde portant les fleurs de lis de France en relief. Ce meuble, légèrement cintré à sa partie médiane présente sur sa face un médaillon rond sculpté en bas-relief et représentant un dauphin entouré de cœurs enflammés. Le dessus est formé d'une tablette de marbre griotte.

« Cette console, offerte en présent de relevailles à Marie-Antoinette en 1781, appartenait à M. Alibert père qui l'avait achetée d'une dame de la de la Reine et avait été acquise à la vente du mobilier de Versailles ». *Catalogue de l'Exposition du Château de Trianon* n° 104.

Larg., 1 m. 20 cent.

377 — GRANDE ET BELLE TABLE CONSOLE à quatre pieds en volute reliés par un entre-jambe à X, en bois sculpté et doré avec bandeau décoré de rinceaux feuillagés et d'un trophée d'armes. Le dessus est

formé d'une tablette de marbre brèche violette avec moulure au pourtour. Époque Louis XIV.

Haut., 88 cent.; larg., 2 m. 15 cent.; prof., 85 cent.

378 — Deux grands Bras-appliques en bois sculpté et doré à trois lumières composés de cornes d'abondance, de festons de fruits, de couronnes de fleurs et de branches de laurier. Époque Louis XVI.

Haut., 1 m. 20 cent.

379 — Armoire Louis XV en bois sculpté peint en noir et rehaussé de dorure. Les côtés et les deux portes sont vitrés.

Haut., 2 m. 35 cent.; larg., 1 m. 23 cent.

380 — Table oblongue à angles arrondis en bois sculpté et doré de style Louis XIV, avec frise découpée à jour offrant à son centre deux L enlacées et avec pieds ornés de mascarons. Le dessus est formé d'une plaque en scagliola imitant la mosaïque de Florence, à trophée, oiseaux, fleurs et fruits sur fond noir.

Long., 1 m. 28 cent.; larg., 66 cent.

381 — Console Louis XV de forme contournée en bois sculpté et doré, composée d'ornements rocaille découpés à jour et avec tablette de marbre blanc à moulure.

Larg., 1 m. 07 cent.

382 — Joli Pupitre à musique en bois sculpté et doré, décoré d'une lyre et de rinceaux découpés se détachant sur un fond de satin ponceau. Époque Louis XVI.

Haut., 42 cent.; larg., 49 cent.

383 — Deux petites Consoles en bois sculpté et doré, formées chacune d'une volute ornée de feuilles et de rosaces, avec dessus de marbre. Époque Louis XVI.

Haut., 97 cent.

384 — Thermomètre Louis XVI dans un joli cadre en bois sculpté et doré à ornements. Dans le bas, un trophée composé d'un flambeau et d'un carquois; dans le haut, deux colombes dans une couronne de fleurs.

Haut., 41 cent.; larg., 19 cent.

385 — Belle Chaise a porteurs du temps de Louis XV, à fond de cuir et richement garnie d'ornements rocaille en bois sculpté et doré. Elle est doublée en velours de Gènes ponceau; les garnitures sont en bronze ciselé et elle est accompagnée des anciennes bretelles des porteurs en galons de velours rouge et blanc. Cette chaise aurait dit-on, appartenu à Madame de Pompadour, dont les couleurs se retrouvent sur les bretelles.

386 — Deux Torchères formées chacune d'une figure

de négrillon debout sur un socle triangulaire en bois sculpté et doré de travail italien et supportant des girandoles porte-lumières à treize branches en bronze doré.

Hauteur totale, 2 m. 40 cent.

387 — TABLE ÉTAGÈRE de forme rectangulaire à quatre pieds cintrés, en bois sculpté et doré de style Louis XV, à dessus de marbre et tablette d'entre-jambes foncée en canne dorée. Les pieds sont reliés par un X orné.

Haut., 94 cent.; larg., 82 cent.

388 — DEUX TORCHÈRES du temps de Louis XIV en bois sculpté et doré, à tige triangulaire découpée à jour et pied à trois consoles.

Elles supportent des girandoles à treize lumières en bronze doré, de travail moderne.

Hauteur des torchères, 1 m. 48 cent.
Hauteur des girandoles, 79 cent.

389 — PETITE TABLE de forme contournée en bois sculpté et doré à quatre pieds cintrés reliés par des guirlandes de lauriers et à frise découpée à jour. Le dessus en marqueterie de bois forme damier. Époque Louis XV.

Larg., 60 cent.

390 — JOLIE PETITE CONSOLE cintrée en bois sculpté et doré à deux pieds à volutes reliés par des festons de

fleurs et avec entre-jambes orné d'un vase garni de guirlandes de fleurs. La frise, découpée à jour, se compose de rinceaux élégants. Le dessus est formé d'une tablette en brocatelle d'Espagne. Époque Louis XVI.

Larg., 85 cent.

391 — Écran en bois sculpté et doré à ornements rocaille garni d'une tapisserie de Beauvais, représentant un trophée d'instruments de musique surmonté d'une couronne de fleurs.

Haut., 1 m. 10 cent.; larg., 75 cent.

392 — Beau Baromètre-Thermomètre en bois sculpté et doré du temps de Louis XVI. Le cadran circulaire est flanqué de deux cornes d'abondance chargées de fruits et reliées par un mascaron imitant une fontaine. Deux motifs de rinceaux élégants découpés à jour encadrent le thermomètre que surmonte l'aigle de Jupiter lançant la foudre.

Haut., 1 m. 30 cent.; larg., 55 cent.

393 — Deux charmantes petites Consoles du temps de Louis XVI, en bois sculpté et doré, à frise ornée de branches de laurier et reposant sur un seul pied à volute décoré de feuilles et de rosaces. Dessus en marbre brocatelle d'Espagne.

Haut., 100 cent.; larg., 30 cent.; prof, 30 cent.

394 — CONSOLE du temps de Louis XIV, de forme contournée, en bois sculpté et doré à mascarons et ornements. Les deux pieds sont reliés par un entre-jambes à coquilles. Dessus de marbre brèche violacé.

Larg., 1 m 05 cent.

GLACES

395 — GRANDE GLACE avec cadre Louis XV, en bois sculpté et doré composé d'ornements rocaille et de festons de feuillages. Le haut cintré est surmonté d'un motif rocaille sur lequel repose un groupe de fleurs.

Haut., 2 m. 67 cent.; larg., 1 m. 42 cent.

396 — PETITE GLACE à biseaux en hauteur, avec cadre Louis XVI, en bois sculpté et doré. Elle est surmontée de rinceaux et d'un médaillon ovale sur lequel repose une couronne royale.

Haut., 1 m. 15 cent.; larg., 55 cent.

397 — PETITE GLACE à biseaux dans un cadre Louis XVI, en bois sculpté et doré, surmonté d'une couronne et de rinceaux feuillagés.

Haut., 1 m. 38 cent; larg., 64 cent.

398 — GLACE avec cadre Louis XVI en bois sculpté et doré surmonté d'un trophée d'armes encadrant un médaillon ovale offrant une fleur de lis se détachent en or sur fond bleu, et de deux festons de laurier retombant sur les deux côtés supérieurs du cadre.

Haut., 1 m. 80 cent.; larg., 98 cent.

399 — GLACE DE CHEMINÉE dans un beau cadre en bois sculpté peint en blanc et rehaussé de dorure, du temps de Louis XVI. Ce cadre se compose de deux montants ornés de médaillons, au centre desquels se trouvent des plaques de Sèvres à fond bleu et figures blanches, entre deux motifs composés de vases d'où s'échappent des ornements, des gerbes et des fleurs. Au-dessus de la glace se trouve une peinture ovale en largeur peinte par Van Spændonck, représentant une corbeille de fleurs. Ce médaillon est encadré d'une branche de chêne et d'une branche de laurier reliées par un nœud de ruban.

Haut., 2 m. 45 cent.; larg., 1 m. 60 cent.

400 — GRANDE GLACE carrée, avec cadre en bois sculpté et doré à mascaron, coquilles et ornements. Époque Louis XIV.

Haut., 1 m. 55 cent.; larg., 1 m. 35 cent.

401 — GRANDE GLACE en hauteur, avec cadre à compartiments de glace et double encadrement en bois

sculpté et doré, à ornements et feuillages. Époque Louis XV.

Haut., 2 m. 30; larg., 1 m. 45.

402 — PETIT TRUMEAU de glace avec cadre en bois sculpté et doré à motif orné, cintré à sa partie supérieure et offrant au deux tiers de sa hauteur une traverse composée d'un vase et de festons de fleurs formant applique. Il est surmonté d'un médaillon ovale encadré de festons de fleurs. Époque Louis XVI.

Haut., 1 m. 90 cent.; larg., 80 cent.

MEUBLES EN TAPISSERIE

403 — MAGNIFIQUE MEUBLE DE SALON en bois sculpté et doré du temps de Louis XVI, modèle à médaillons ovales surmontés de couronnes de fleurs, de rubans et d'attributs divers. Il est couvert de tapisseries de Beauvais représentant sur les dossiers des sujets champêtres à personnages d'après Boucher et sur les sièges, des paysages et des animaux. Il se compose de deux grands canapés, d'un canapé plus petit à côtés arrondis et pleins et de dix grands fauteuils.

Ce meuble est remarquable par l'élégance des sujets qui le décorent et sa conservation. (Grand salon du 1er étage.)

404 — MAGNIFIQUE MEUBLE DE SALON dit de Louis XIV en bois sculpté et doré, à festons de feuillages et de fleurs et de forme très élégante. Il est couvert de tapisseries des Gobelins représentant, sur les dossiers, des figures mythologiques encadrées d'ornements et de fleurs, et sur les sièges, de groupes d'animaux et de sujets de chasse encadrés d'ornements semblables. Il se compose : 1° d'un grand canapé dont le siège représente une vasque supportée par trois dauphins et dans laquelle un singe assis et costumé sonne du cor; deux cariatides de singes ailés et se terminant en rinceaux sont placées aux deux extrémités de la vasque, et deux sphinx couchés, à bustes de femmes également terminés en rinceaux, lancent l'eau dans la partie inférieure du bassin. Le dossier offre la figure de Vénus couchée sur un lit de repos couvert par une draperie rouge, près d'elle est l'Amour; ce groupe est surmonté d'un dais, d'attributs divers et de festons de fleurs se reliant à des rinceaux qui servent de base à deux cygnes placés en face de deux bustes de femmes ailées; 2° d'un canapé plus petit dont le dossier représente une nymphe, un satyre et un Amour et le siège, un sanglier forcé par des chiens; 3° quatre fauteuils avec figures mythologiques aux dossiers et animaux sur les sièges; 4° et quatre chaises de même décor que les fauteuils (salon Louis XIV 1er étage). Le canapé porte, marqué au feu, l'ancienne inscription suivante: *Chambre du Roi.*

405 — JOLI MEUBLE DE SALON du temps de Louis XVI,

en bois sculpté et doré à feuilles, rubans enroulés et ornements. Il est couvert en ancienne tapisserie de Beauvais représentant des sujets champêtres dans le goût de Boucher. Il se compose d'un canapé à dossier ovale et de dix fauteuils. (Salon des Saxe, 1er étage.)

406 — BEAU MEUBLE DE SALON du temps de Louis XV, en bois sculpté et doré à festons de fleurs et ornements rocaille, couvert en ancienne tapisserie des Gobelins, à fond ponceau et décoré de larges médaillons, sujets champêtres à animaux, oiseaux et volatiles dans des paysages. Ces sujets sont encadrés de riches ornements simulant des bordures en bois doré rehaussés de festons de fleurs. Il se compose d'un grand canapé, deux grandes bergères et sept fauteuils. (Salon Louis XV, 1er étage.)

407 — BEAU MEUBLE DE SALON du temps de Louis XVI, en bois sculpté et doré, à feuilles d'eau, motifs de fleurs et d'ornements sur les dosiers et bras ornés de balustres. Il est couvert de belles tapisseries de Beauvais, à sujets champêtres dans le goût de Boucher, surmontés de draperies bleues, festons de fleurs et branches de laurier formant encadrement. Les sièges offrent des trophées d'instruments de musique, des cornes d'abondance, des bouquets de fleurs et aussi des sujets champêtres. Il se compose d'un grand canapé, deux marquises ou petits canapés, deux bergères, deux fauteuils et quatre grandes chaises.

Les sièges des deux marquises ont été refaits.

Ce meuble remarquable provient du château de Fontainebleau dont il porte la marque imprimée au feu avec l'écusson royal. (Grand salon du 2e étage.)

408 — SIX GRANDES ET BELLES CHAISES et deux grands fauteuils en bois sculpté et doré, modèle à médaillon Louis XV, couverts en tapisserie des Gobelins à sujets tirés des fables de la Fontaine, encadrés d'ornements et de festons de fleurs. Ces chaises portent, imprimée au feu, la marque du garde-meuble du comte de Toulouse, grand amiral de France. (Salle à manger 2e étage.)

TAPISSERIES

409 — PORTIÈRE formée d'une charmante tapisserie de Beauvais, représentant la cueillette des cerises d'après Boucher. Cette scène est placée entre deux hautes gerbes reliées entre elles par une draperie bleue frangée d'or sur laquelle reposent un perroquet et une tourterelle. Des guirlandes de fleurs et un encadrement composé de feuillages autour desquels s'enlacent des festons de fleurs variées complètent ce délicieux panneau dont la fraîcheur et le charme du dessin sont vraiment remarquables.

Cette tapisserie porte comme marque une fleur de lys et le nom de D. M. Beauvais.

Haut., 2 m. 65 cent.; larg., 2 m. 55 cent.

410 — PANNEAU formant pendant à la tapisserie qui précède et offrant un décor analogue.

Celle-ci représente au premier plan, un berger et une bergère enlaçant un mouton de fleurs et au second, deux jeunes bergères et un berger présentant des fleurs et des couronnes à une statue de l'amour qui les couronne.

Composition pleine de grâce et conservation remarquable.

Haut., 2 m. 75 cent.; larg., 2 m. 65 cent.

411 — BELLE TAPISSERIE DES GOBELINS représentant une scène tirée de l'histoire de Don Quichotte, d'après Coypel. Composition élégante d'un grand nombre de figures. Un bouclier placé au bas du sujet et retenu par une tête de lion, porte l'inscription suivante : DOM QUICHOTTE ESTANT A BARCELONE DANCE AU BAL QUE LUI DONNE DON ANTONIO. L'encadrement se compose d'une double bordure simulant du bois doré et de riches festons de fleurs encadrent deux médaillons à fond bleu contenant des bustes de guerriers.

Belle conservation.

Haut., 2 m. 60 cent.; larg., 4 m.

412 — BEAU LAMBREQUIN en tapisserie des Gobelins du temps de Louis XIV, offrant à son centre un écusson surmonté d'une couronne de duc et portant un chiffre soutenu par deux Amours se

détachant sur le fond vert; à droite et à gauche de ce groupe, deux manteaux d'hermine portant deux bâtons de maréchaux en sautoir et surmontés également d'une couronne de duc.

Haut., 52 cent.; larg., 2 m. 60 cent.

413 — Tapisserie de Beauvais d'après J. Bérain, de la suite dite des grotesques. — Bacchus. — La statue du Dieu est placée sous un portique à balustres supportant un berceau de verdure. A droite, une figure de musicien, à gauche, une nymphe accroupie. Dans le haut, draperies, brûle-parfums, festons de fleurs, ornements et oiseaux.

Fond brun roux. Riche bordure simulant des ornements feuillagés et dorés sur fond bleu.

Haut., 2 m. 90 cent.; larg., 2 m. 25 cent.

414 — Tapisserie de Beauvais, d'après J. Bérain pouvant faire pendant à celle qui précède. — Le Dieu Pan. — Une cariatide du Dieu se terminant en gaîne occupe le centre du tableau. Une nymphe agenouillée sur un bouc est occupée à le couvrir de fleurs. A droite, une danseuse. Cette scène se passe sous un portique à balustres orné de draperies et surmonté d'un aigle. Dans le haut, sphinx ailés vus de face, corbeille de fruits, lambrequins, brûle-parfums et ornements variés,

Fond brun roux. Bordure semblable à celle qui précède.

Haut., 2 m. 90 cent.; larg., 2 m. 45 cent.

415 — Petite Portière en tapisserie de Beauvais, d'après J. Bérain. Motif d'architecture analogue à celui des tapisseries qui précèdent. Au centre, large écusson orné surmonté d'une couronne comtale et contenant un chiffre sur fond bleu clair.

Fond brun roux. Bordure d'ornements dorés sur fond bleu.

Haut., 2 m. 90 cent.; larg., 1 m. 70 cent.

416 — Grande et belle Tapisserie de Beauvais, d'après J. Bérain, de la suite dite des grotesques. — Un éléphant entre deux groupes de danseurs musiciens accompagnés d'animaux et placés devant un portique supporté par des colonnes à balustre, interrompu par des berceaux de verdure sur une terrasse où l'on accède par des degrés. Dans le haut, oiseaux reposant sur des rinceaux fleurs, draperies et ornements variés.

Fond brun roux. Bordure de godrons verts séparés par des moulures d'or.

Haut., 3 m. 35 cent.; larg., 4 m. 25 cent.

417 — Grande et belle Tapisserie de Beauvais, d'après J. Bérain, de la même suite que celle qui précède. — Le dromadaire. — Même portique que dans la précédente; danseurs musiciens au premier plan et vase de fleurs, draperies et oiseaux au centre.

Fond brun roux. Bordure de godrons verts séparés par des moulures d'or.

Haut., 3 m. 35 cent.; larg., 5 m.

418 — PETITE TAPISSERIE DE BEAUVAIS, d'après J. BÉRAIN, formant suite avec celles qui précèdent. — Le concert. — Deux musiciens près d'une table couverte d'instruments et placés sous un portique couvert en partie par une draperie verte et auquel un dais est suspendu. Dans le haut, même motif que dans les deux autres.

Fond brun roux. Bordure de godrons verts séparés par des moulures d'or.

Haut., 3 m. 35 cent.; larg., 1 m. 80 cent.

419 — BELLE TAPISSERIE DE BEAUVAIS, d'après J. BÉRAIN, également de la suite dite des grotesques. — Le dompteur de lions. — A gauche, des tigres attaquant un taureau, à droite, un homme et des chiens. Même architecture que celles qui précèdent, même fond et même encadrement.

Haut., 3 m. 35 cent.; larg., 3 m. 65 cent.

420 — AUTRE BELLE TAPISSERIE DE BEAUVAIS, d'après J. BÉRAIN. — Le concert. — Sujet analogue à la tapisserie n° 418 et même architecture.

Haut., 3 m. 35 cent.; larg., 3 m. 45 cent.

421 — BELLE TAPISSERIE DE FLANDRE représentant un sujet champêtre dans le goût de Teniers. Bordure composée d'attributs champêtres et de fleurs.

Haut., 3 m. 45 cent.; larg., 2 m. 75 cent.

422 — Tenture de salon en tapisserie composée de trois panneaux décorés de paysages animés par des animaux et des volatiles. A droite et à gauche sont des colonnes ioniques simulées en marbre bleu turquin et ornées de bronze doré, reliées par des guirlandes de fleurs et venant encadrer dans chacun des panneaux un médaillon ovale renfermant un sujet champêtre dans le goût de Boucher.

Haut., 2 m. 55 cent.; larg., 2 m. 80 cent.
Haut., 2 m. 55 cent.; larg., 1 m. 65 cent.
Haut., 2 m. 55 cent.; larg., 1 m. 75 cent.

GARNITURES DE CROISÉES

EN TAPISSERIE

423 — Deux bonnes Graces en ancienne tapisserie de Beauvais, décorées de vases, de rinceaux, de lyres et d'ornements variés sur fond blanc.

Haut., 4 m.; larg., 2 m.

424 — Quatre bonnes Graces en ancienne tapisserie de Beauvais simulant des draperies avec bordures composées de festons de fleurs et de branches de chêne.

Haut., 4 m.; larg., 2 m.

425 — Deux bonnes Graces en ancienne tapisserie de

Beauvais, simulant également des draperies bordées de franges et de glands d'or décorées de festons de fleurs.

Haut., 3 m.; larg., 2 m.

SIÈGES DIVERS

426 — Petit Canapé à dossier bas, en bois sculpté et doré, couvert en étoffe de soie brochée à fleurs sur fond blanc et bandes roses. Les extrémités, légèrement évasées en volutes, sont ornées sur leurs faces de balustres détachés. Époque Louis XVI.

Larg., 1 m. 60 cent.

427 — Quatre belles Chaises du temps de Louis XVI, en bois sculpté et doré, à flambeaux aux angles du dossier reliés par une moulure de fleurs. Elles sont couvertes de satin blanc brodé à fleurs et oiseaux en soie de couleurs, et les entre-deux des pieds sont garnis de draperies avec franges et glands.

428 — Belle Chaise longue en trois parties, du temps de Louis XV, en bois sculpté et doré à ornements rocaille et fleurs. Elle est couverte en soie rose richement brochée à fleurs et ornements.

Longueur totale, 2 m. 15 cent.

429 — Beau Fauteuil de bureau de Marie-Antoinette, en bois sculpté et doré et foncé en canne dorée. Il porte la marque du château de Trianon et l'indication suivante brûlée au fer : *Garde-Meuble de la Reine.*

430 — Petit Fauteuil d'enfant, du temps de Louis XVI, en bois sculpté et doré, modèle à balustres détachés, couvert et garni en dauphine rayée sur fond blanc et à fleurs brochées. Il provient de la vente de Mlle Campan et avait appartenu au Dauphin Louis XVII.

431 — Jolie Chaise Louis XVI, en bois sculpté et doré, surmontée d'une rosace et de branches de laurier. Elle est couverte de tapisserie de Beauvais à fleurs et draperies.

432 — Quatre Fauteuils du temps de Louis XVI, à médaillons en bois sculpté et doré, couverts en soie rayée jaune et rose à fleurs brochées.

433 — Deux Chaises en bois sculpté et doré, modèle à lyre, couvertes en soie rose et dessin imitant la dentelle.

434 — Divan et deux coussins couverts de belle étoffe à fond vert à bandes de fleurs et d'ornements brochés. Le devant du divan est garni d'une longue frange en passementerie.

435 — Six Chaises Louis XV en bois sculpté peint

en blanc et rehaussé de dorure. Elles sont couvertes de soie rose, avec applications de fleurs en velours de nuances variées.

436 — Deux Tabourets carrés, du temps de Louis XIV, en bois sculpté et doré, couverts en soie à dessin rosé.

437 — Deux Tabourets du temps de Louis XIV, en bois sculpté et doré, couverts en velours ciselé vert olive.

438 — Deux Tabourets carrés, du temps de Louis XIV, en bois sculpté et doré, couverts en étoffe lamée d'argent à fleurs sur fond ponceau.

439 — Deux Tabourets analogues, couverts en velours grenat.

440 — Deux Tabourets Louis XVI, en bois sculpté et doré, sur pieds à colonnes cannelées et chapiteaux ioniques. Ils sont couverts d'étoffe ancienne à fleurettes sur fond blanc.

441 — Deux Tabourets de pied, en bois sculpté et doré, à festons de laurier retenus par des rubans. Ils sont couverts d'étoffe de soie à fleurettes sur fond ponceau. Époque Louis XVI.

442 — Trois Tabourets à X, en bois sculpté et doré, couverts de velours grenat avec glands et franges. Ces trois tabourets sont les fameux tabourets des Duchesses.

443 — Deux Tabourets Louis XIV, en bois sculpté et doré, couverts en velours ciselé vert olive sur fond rosé.

444 — Canapé Louis XVI, en bois sculpté et doré, à pieds cannelés et bras se terminant en volute à leur partie supérieure. Il est couvert en dauphine fond blanc à festons et jetés de fleurs avec bandes bleu clair.

445 — Quatre Chaises de même style, à dossier carré, couvertes de même étoffe.

446 — Modèle de Canapé ou siège d'enfant, en bois sculpté et doré, couvert d'étoffe à fond jaune et bandes blanches à festons de fleurs. Époque Louis XVI.

447 — Petit Fauteuil bas, du temps de Louis XVI, en bois sculpté et doré, à balustres, couvert en étoffe de Chine à fond crême et branches de fleurs brodées en soie de couleur.

448 — Joli Canapé Louis XV, en bois sculpté et doré, à enroulements et fleurs, couvert en belle étoffe de soie à fond bleu, décorée de fleurs brochées en soies de couleur, en or et en argent. Le dossier se compose d'une traverse garnie de même et d'une belle frange à grille.

449 — Deux Chaises de style Louis XVI, en bois sculpté et doré, modèle lyre, couvertes en soie rosée à bandes blanches brochées à fleurs.

450 — Petite Niche à chien, formant tabouret, couverte de même étoffe. Elle porte, imprimée au feu, l'inscription : *Garde-Meuble du Roy*.

451 — Bergère Louis XVI en bois sculpté et doré, couverte en soie verte brochée à fleurs.

452 — Fauteuil de bureau du temps de Louis XV, en bois sculpté et doré, foncé en canne et avec coussin garni d'étoffe ancienne.

453 — Six Chaises Louis XVI à médaillons, en bois sculpté et doré, à feuilles, perles et rosaces, et sur pieds cannelés, couvertes de dauphine ancienne à bandes roses et entre-deux brochés à fleurettes.

454 — Deux Tabourets de pied, en bois sculpté et doré, du temps de Louis XIV, couverts de soie ancienne, l'un à fleurs brochées sur fond blanc, l'autre à fleurs brochées sur fond bleuté.

ÉTOFFES ANCIENNES

455 — Beau Tapis de table richement brodé, à fleurs et rosace en soies de couleurs et or sur fond gri-

sâtre. Beau travail des colonies portugaises du temps de Louis XIV.

Long., 3 m. 20 cent.; larg., 2 m. 50 cent.

456 — Quatre jolies Portières, deux rideaux et un lambrequin en ancienne dauphine, à fond vert d'eau et fleurettes et entrelacs de feuillages brochés en soies de couleurs.

Haut., 2 m. 35 cent.; larg., 1 m. 20 cent.

457 — Quatre grands Rideaux et deux lambrequins en velours grenat avec applications de fleurs et d'oiseaux en ancienne tapisserie. Ils sont accompagnés de leurs embrasses et glands.

Haut., 4 m. 20 cent.; larg., 2 m.

458 — Tapis de Table en satin crême richement brodé à fleurs, guirlandes, rubans, etc , en soies de couleur et garni d'une frange et de glands assortis.

Long., 1 m. 70 cent.; larg., 1 m. 28 cent.

459 — Tapis de Table en satin crême, couvert de riches broderies en or et soie de couleurs à fleurs et ornements.

Long., 1 m. 25 cent.; larg., 1 m. 35 cent.

460 — Tapis de table en soie bleu clair, à fleurs brochées en soie de couleur et argent.

Long., 1 m. 35 cent.; larg., 1 m. 50 cent.

461 — Beau Tapis de table en satin blanc, décoré d'oiseaux et de fleurs brodés en soie de couleurs et offrant aux angles des corbeilles de fleurs. Travail chinois.

Long., 2 m. 15 cent.; larg., 2 m. 47 cent.

462 — Autre Tapis en soie bleue, richement brodé en soies de couleurs, à large rosace au centre, entourée de fleurs arabesques, et à palmettes et ornements variés dans la bordure. Travail des colonies portugaises.

Long., 1 m. 70 cent.; larg., 2 m. 15 cent.

463 — Rideau ou portière en filet, décoré de figures, de cariatides et d'ornements et offrant au centre une figure debout, ainsi que l'inscription suivante : *Le temple de fortune* et la date de *1585*.

BOISERIES

ET PEINTURES DÉCORATIVES

PREMIER ÉTAGE

464 — Serre d'entrée.

Dessus de porte. — École de Boucher. — Pastorale. Cadre en bois sculpté et doré.

465 — Salon dit de Fontenoy.

Boiserie Louis XV, peinte en blanc rehaussée de dorure, avec plafond par Boucher, représen-

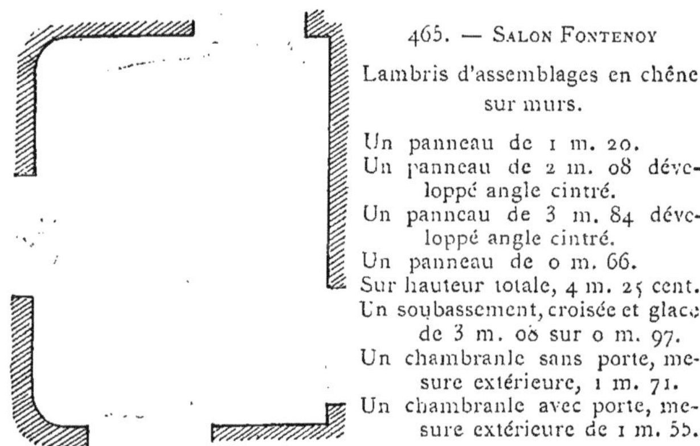

465. — Salon Fontenoy

Lambris d'assemblages en chêne sur murs.

Un panneau de 1 m. 20.
Un panneau de 2 m. 08 développé angle cintré.
Un panneau de 3 m. 84 développé angle cintré.
Un panneau de 0 m. 66.
Sur hauteur totale, 4 m. 25 cent.
Un soubassement, croisée et glace de 3 m. 06 sur 0 m. 97.
Un chambranle sans porte, mesure extérieure, 1 m. 71.
Un chambranle avec porte, mesure extérieure de 1 m. 55.

tant deux amours et trois dessus de portes, attribués au même artiste, représentant Vénus, Amphytrite, et Diane.

466 — Salon Louis XIV.

Boiserie composée de trumeaux, avec encadrements sculptés peints en blanc et rehaussés de dorure. Les encadrements des tableaux sont en bois sculpté et doré. Les tableaux qui représentent des vues de propriétés de famille ne seront pas compris dans la vente.

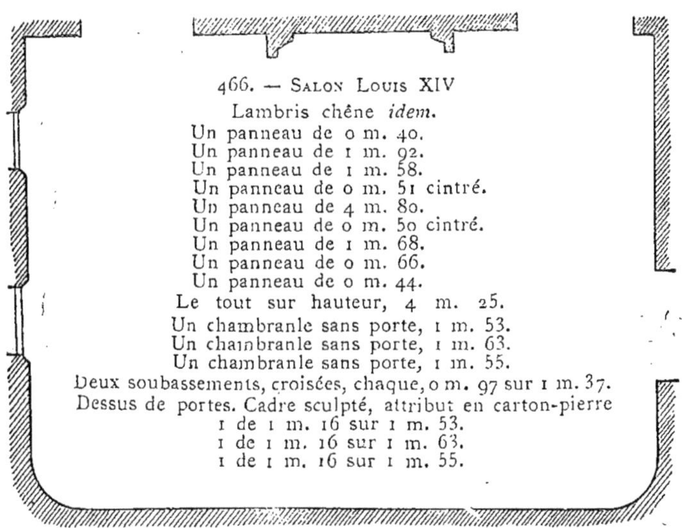

Les guirlandes de fruits et les ornements qui surmontent certains panneaux ont été rapportés en plâtre.

467 — GRAND SALON.

Belle boiserie Louis XV, à fond blanc et ornements sculptés et dorés avec quatre portes à double battants, deux glaces encadrées et quatre dessus de porte de l'Ecole française représentant des jeux d'enfants

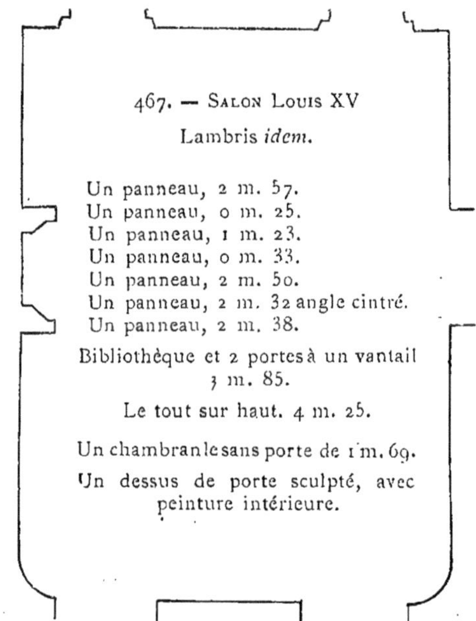

468 — Salon des Saxes.

Boiserie Louis XV, analogue à celle qui précède. Les quatre médaillons ovales qui la décorent ont été éxécutés par Aligny et représentent des vues d'Orient et d'Europe. Les glaces avec cadres en bois sculpté et doré sont surmontées de deux peintures de l'École française, représentant des jeux d'enfants.

469 — Joli Boudoir composé de divers panneaux et d'une alcôve (cette dernière à fond de glace) en bois sculpté et doré, à ornements rocaille et fleurs

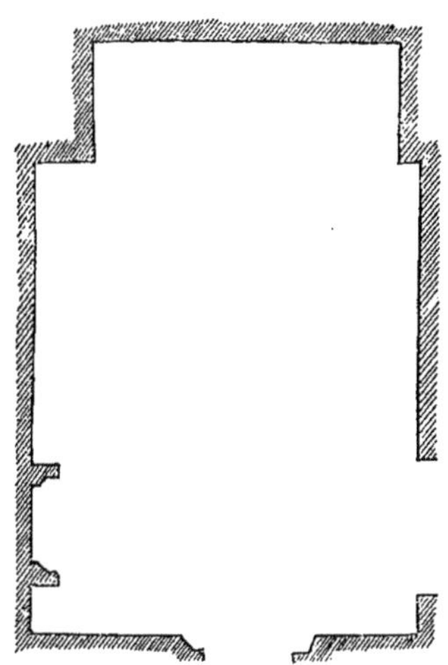

469. — Boudoir de Mme de Pompadour

Un panneau, 1 m. 58.

Un panneau, 1 m. 84 compris fond d'alcôve.

Un panneau, 1 m. 53.

Un panneau, 0 m. 30.

Un panneau, 0 m. 30.

Sa hauteur, 2 m. 60.

sur fond rehaussé de blanc. Le plafond est décoré d'un joli panneau peint sur toile par Boucher, représentant Mme de Pompadour reçue dans l'Olympe avec encadrement composé d'ornements et d'Amours.

Cette boiserie provient du château de Bellevue appartenant à Mme de Pompadour.

470 — BIBLIOTHÈQUE.

A — Boiserie Louis XV, à angles arrondis avec bibliothèque vitrée et deux petites portes surmontées de dessus de portes peints en camaïeu bleu attribuées à Boucher, et représentant l'Été et l'Automne figurés par des jeux d'enfants.

B — Au-dessus de la baie conduisant au grand salon, une peinture de même style que celles qui précèdent et représentant Vénus et Vulcain.

C — Au-dessus de la cheminée, une grande glace avec cadre riche en bois sculpté et doré.

471 — SALON DU MIDI.

Boiserie décorant le côté de la cheminée dudit salon en bois sculpté et doré sur fond rechampi de blanc, y compris la glace avec cadre en bois doré. Les médaillons placés au-dessus des portes et représentant des jeux d'enfants ne sont pas en bois.

DEUXIÈME ÉTAGE

472 — SERRE D'ENTRÉE.

Dessus de porte par *Van Spaendonck*. Fleurs et nid d'oiseau.

473 — SALON DES BERAIN.

A — Dessus de porte cintré par *Fragonard* représentant une bacchanale d'Amours et d'enfant satyre.

B — Plafond par *Boucher*, représentant trois Amours tenant une couronne de vigne.

474 — Salle a manger.

A — Plafond rond par *F. Boucher*, représentant les Quatre Saisons figurées par des jeux d'Amours.

B — Deux dessus de porte et quatre médaillons ovales par *Leriche*, représentant des brûle-parfums, des vases de fleurs, etc.

475 — Salon des Tapisseries.

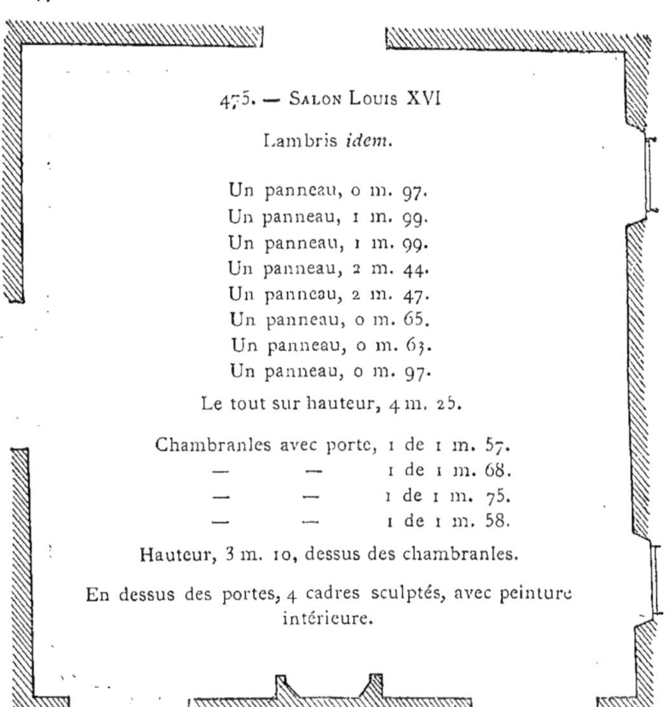

A — Plafond ovale par *Fragonard*, représentant des jeux d'Amours.

B — Au pourtour quatre médaillons ronds *par Fragonard*, et peints en grisaille représentant des jeux d'Amours.

C — Cinq dessus de porte par *Fragonard*, dont quatre représentent des oiseaux voltigeant, et un deux Amours peints en grisaille. Cet ensemble formait une des décorations de l'hôtel Le Normand d'Etioles appartenant à Mme de Pompadour.

476 — CHARMANT BOUDOIR provenant de l'hôtel de la Duthé, et composé de panneaux finement peints par Van Spaendonck et représentant des attributs, des rinceaux, des vases et des bouquets de fleurs sur fond blanc. Une alcôve placée au fond est garnie au pourtour ainsi qu'au plafond de panneaux de glaces encadrés de festons de laurier en bois sculpté, doré et repercé à jour.

Cette pièce est rehaussée dans toutes ses parties de moulures à ôves et de frises dorées et fut exécutée sur les ordres du comte d'Artois.

477 — CABINET DE TRAVAIL.

Deux dessus de porte peints en grisaille et attribués à Sauvage représentant des jeux d'Amours.

478 — CHAMBRE DU MIDI, OU SALON DES FLEURS.

A — Plafond rectangulaire attribué à *Nattoire*

et représentant des jeux d'Amours. Ce sujet est circonscrit dans un ovale formé d'un cadre doré simulé avec guirlandes de fleurs et ornements dans les angles.

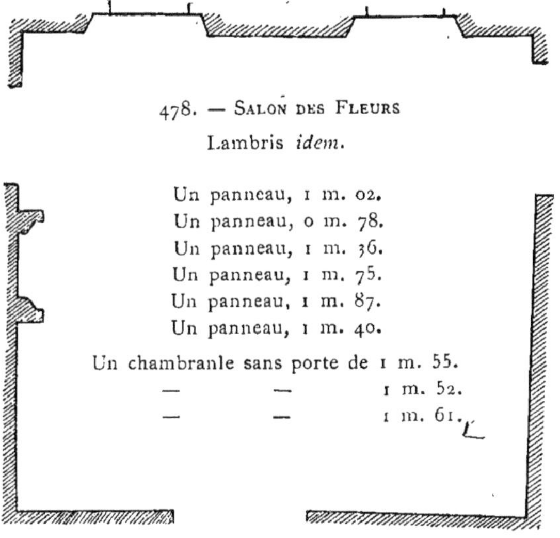

478. — Salon des Fleurs

Lambris *idem*.

Un panneau, 1 m. 02.
Un panneau, 0 m. 78.
Un panneau, 1 m. 36.
Un panneau, 1 m. 75.
Un panneau, 1 m. 87.
Un panneau, 1 m. 40.

Un chambranle sans porte de 1 m. 55.
— — 1 m. 52.
— — 1 m. 61.

B — Dessus de porte par Van Spaendonck représentant un bouquet de fleurs.

C — Dessus de porte par le même artiste représentant une couronne de fleurs sur un fond de ciel.

LIVRES

RARES ET PRÉCIEUX

DÉSIGNATION

THÉOLOGIE

1. Psalmi Davidis vulgata editione, calendario Hebræo, Syro, Græco, Latino, argumentis et commentariis genuinum et primarium Psalmorum sensum hebraismosque locupletius quam priore editione aperientibus a G. Genebrardo Theologo Parisiensi divinarum Hebraicarumque literarum professore regio instructi. *Parisiis P. L'Huilllier*, 1582. In-8, mar. br., ornements à froid.

Reliure exécutée pour le roi HENRI III. Sur les plats un médaillon représentant Jésus crucifié, les saintes femmes au pied de la croix et les instruments de la passion. Sur le dos, au milieu de volutes et de rinceaux, les armes de France, la tête de mort et la devise du Roi : *Spes mea Deus.*

2. Commentaire affectif sur le Pseaume Miserere, pour servir de préparation à la mort, par le R. P. Avrillon. *Paris, veuve Pierres*, 1747. In-12, mar. rouge jans., tr. dor.

Aux armes de Mgr Double, évêque de Tarbes.

3. Le Psaultier Nostre-Dame. *Imprimé nouvellement à Paris.* (A la fin) : *imprimé à Paris par la veufve Jehan Treperel et Jehan Jhannot, imprimeur et libraire, demourant en la rue Neufve-Nostre-Dame, à l'enseigne de l'escu-de-France. S. d. (vers 1510).* Pet. in-8 goth. de 20 ff., fig. sur bois, mar. vert, fil., dos orné, tr. dor. (*Trautz-Bauzonnet.*)

4. HEURES de Nostre-Dame, à l'usage de Rome, selon la réformation de nostre S. Père le Pape Pie V, pour les confrères de l'Oratoire de Nostre-Dame de Vie-Saine. *A Paris, par Jamet Mettayer*, 1584. In-4, mar. br.

Très riche reliure, exécutée pour le roi HENRI III, et ornée d'arabesques, de feuillages et de marguerites. Les angles des volumes portent des H couronnés, le dos, la tête de mort; les plats, d'un côté la présentation de Jésus-Christ au temple, de l'autre les armes de France et de Pologne, avec la double couronne.

5. Gregorii Nazanzeni theologi Orationes novem elegantissimae. Gregorii Nysseni Liber de homine. Quae omnia nunc primum emendatissima in lucem prodeunt (Graece). *Venetiis in aedibus haeredum Aldi et Andreae Asulani Soceri*, 1536. In-8, v. br., fil., comp., dos orné, tr. dor. (*Reliure du* XVIe *siècle.*)

Exemplaire portant sur le plat le nom de Jean Clément, professeur de grec à Oxford, mort à Malines, en 1572.

6. EPIPHANII episcopi constantiae, Cypri, contra octoginta haereses Opus et alia Opuscula (graece cura Oporini). *Basileae, J. Hervagius*, 1544. In-fol., mar. citr., fil., compart., tr. dor., fermoirs en cuivre et cordelettes.

Première édition. Exemplaire de HENRI II. Superbe reliure parfaitement conservée. Le dos est parsemé des chiffres de Henri II et de Diane de Poitiers, en argent. Dans un semis de fleurs de lis en or, au centre des plats, sont les armes de Henri II, entourées d'une riche bordure, dans les ornements de laquelle les chiffres et les emblêmes adoptés par le roi Henri II et Diane de Poitiers sont merveilleusement combinés. Les armes, les chiffres et les fleurs de lis sont en or sur l'un des plats, en argent sur l'autre.

7. Traité de l'Eucharistie, en forme d'entretiens, où, sans entrer dans la controverse, l'on prouve la réalité sur des véritez avouées de part et d'autre, par Brueys. *Paris*, *Seb. Mabre-Cramoisy*, 1686. In-12, mar. rouge, fil., dos orné, tr. dor.

Aux armes de Mgr Double, évêque de Tarbes.

8. Traicté et dispute contre les Équivoques, traduit du latin de R. P. F. Jean Barnes. *Paris*, *Rolin Baragnes*, 1625. In-8, mar. vert, fil.

Aux armes de Mgr Double, évêque de Tarbes.

Jean Barnes, théologien anglais, usa sa vie à combattre la doctrine des équivoques et des restrictions mentales. Affilié à l'ordre des bénédictins, il habita successivement l'Angleterre, la France, l'Espagne, l'Italie, mais ses pérégrinations ne le mirent pas à l'abri des poursuites des jésuites. Il finit par tomber sous les coups de l'inquisition, et resta, dit-on, pendant trente ans dans les cachots de la Belgique.

9. Essai sur les erreurs populaires, ou examen de plusieurs opinions reçues comme vrayes, qui sont fausses ou douteuses. Traduit de l'anglois de Th. Brown (par l'abbé Souchay). *Paris, P. Witte*, 1733. 2 vol. in-12, mar. rouge, fil. dos orné, tr. dor.

Exemplaire aux armes du roi LOUIS XV.

10. Histoire du ciel, où l'on recherche l'origine de l'idolâtrie et les méprises de la philosophie sur la formation

des corps célestes et de toute la nature. *A Paris, chez les frères Estienne,* 1757. 2 vol. in-12, mar. rouge, fil., dos orné, tr. dor.

Exemplaire aux armes de MADAME ADÉLAÏDE de France, fille de Louis XV.

JURISPRUDENCE

11. ORDONNANCES ROYAULX sur le faict de la justice, et abbreviation des procès par tout le royaulme de France, faictes par le roy nostre sire, et publiées en la cour de parlement à Paris le sixiesme jour du moys de septembre l'an mil cinq cens XXXIX. *On les vend à Paris, en la grand salle du Palais, par Galiot du Pré.* in-4, v. br., dentelle.

Sur les plats du volume la couronne royale surmontant une fleur de lis, deux dauphins, une marguerite et trois dragons.

D'après une note placée en tête du volume, cette reliure curieuse a été exécutée pour le roi FRANÇOIS Ier.

Le roi est représenté par la couronne royale; le dauphin, plus tard Henri II, et Charles de France, duc d'Orléans, ont pour emblèmes les deux dauphins. Enfin la marguerite fait allusion à Marguerite de France, duchesse de Savoie. Henri, Charles et Marguerite étaient les trois seuls enfants que François Ier eût encore en 1539. Les trois dragons rappellent les trois enfants que le roi avait précédemment perdus : François, dauphin de France, mort en 1536; Louise, morte enfant, en 1517, et Charlotte, morte en 1524.

SCIENCES ET ARTS

12. Les Caractères de Théophraste, avec les Caractères ou les Mœurs de ce siècle, par M. de La Bruyère. Nouvelle édition, augmentée de quelques notes, par M. Coste. *A Paris, chez Mich. Et. David,* 1750. 2 vol. in-12, front. gr., mar. vert, fil., dos orné, tr. dor. (*Derome.*)

13. Le Menagier de Paris, traité de morale et d'économie politique, composé vers 1393 par un bourgeois parisien, contenant des préceptes moraux, des instructions sur l'art de diriger une maison, des renseignemens sur la consommation du Roi, des princes et de la ville de Paris à la fin du xive siècle, etc. Ensemble l'Histoire de Griselidis, Melibée et Prudence, par Albertan de Brescia (1246), traduite par frère Renault de Louens, et le chemin de Povreté et de Richesse, poème composé en 1342, par Jean Bruyant, notaire au Chatelet de Paris (publié par M. le baron J. Pichon). *A Paris, de l'imprimerie de Crapelet,* 1846. 2 vol. grand in-8, demi-rel. mar. vert, tête dor., non rogné.

14. Francisci de Verulamio. Historia naturalis et experimentalis de Ventis, de forma calidi, etc. *Lugd. Batav., apud Fr. Hegerum et Hackium,* 1638. Petit in-12, v. f., dos orné, tr. marb.

Le dos porte le chiffre de Gaston d'Orléans.

15. Le Service ordinaire et journalier de la cavalerie, dédié à Mgr le duc de Chartres, par Lecoqmadeleine. *Paris, Louis Delatour*, 1720. In-12, mar. vert, fil., dos orné.

Aux armes du prince de TURENNE, colonel général de la cavalerie, sous Louis XV.

16. Gazette des Beaux-Arts, Courrier européen de l'art et de la curiosité. (Janvier 1865 à juin 1874.) *Paris*, 1865-1874. 17 vol. gr. in-8, fig., demi-rel., dos et coins mar. rouge, tête dor., non rogn.

17. Etching and. Etchers, by. Ph. Gilbert Hamerton. *London, Macmillan and Co*, 1880. Gr. in-4, cart., non rog.

Belle publication ornée de quarante-huit eaux-fortes.

18. ÉLÉMENTS D'ORFÈVRERIE, divisés en deux parties de cinquante feuilles chacune, et composez par Pierre Germain. *A Paris, chez l'auteur*, 1748. Deux parties en 1 vol. in-4, mar. rouge, fil. large dentelle, dos orné, tr. dor. (*Hardy-Mennil.*)

19. Livre-Journal de Lazare-Duvaux, marchand bijoutier ordinaire du Roy, 1748-1758, précédé d'une étude sur le goût et sur le commerce des objets d'art au milieu du XVIIIe siècle. *A Paris, pour la Société des Bibliophiles françois*, 1873. 2 vol. in-8, front. gravé, demi-rel., dos et coins mar. rouge, tête dor., non rog.

20. Histoire artistique, industrielle et commerciale de la Porcelaine, accompagnée de recherches sur les sujets et emblèmes qui la décorent, les marques et inscriptions qui font reconnaître les fabriques d'où elle sort, etc., par

Alb. Jacquemart et Edmond Leblant. *Paris, J. Techener*, 1862. In fol., vingt-six planches, mar. rouge, jans., tr. dor. (*Duru et Chambolle.*)

21. LES RUSES DU BRACONAGE mises à découvert, ou Mémoires et Instructions sur la chasse et le braconage, par Labruyerre, garde de S. A. S. Mgr le comte de Clermont. *A Paris, chez Lottin*, 1771. In-12, mar. rouge, fil., dos fleurdelisé, tr. dor.

Exemplaire de dédicace aux armes de BOURBON CONDÉ, COMTE DE CLERMONT, provenant des bibliothèques de CH. NODIER et de YÉMENIZ.

BELLES-LETTRES

22. INTRODUCTION à la langue Grecque, à l'usage des Collèges. *A La Rochelle, et se vend à Paris chez Thiboust*, 1751. in-12, mar. rouge, fil., dos fleurdelisé, tr. dor.

Aux armes de LOUIS, DAUPHIN, père de Louis XVI.

23. LEÇONS DE GRAMMAIRE, suivant la méthode des tableaux analytique synthétique et de celui du méchanisme de la grammaire françoise, destinés à apprendre les Principes de cette langue, par le moyen d'un jeu, dédiées à Monseigneur le Dauphin, par M. l'abbé Gaultier. *Paris, l'auteur*, 1787. In-8, mar. rouge, fil., dos orné, tr. dor. 1120

Exemplaire de dédicace aux armes du DAUPHIN, FILS DE LOUIS XVI.

24. Remarques nouvelles sur la Langue françoise (par le P. Bouhours). *Paris, George et Louis Josse*, 1692. In-12, mar. citr., fil., dos orné, tr. dor.

Aux armes de MADAME SOPHIE DE FRANCE, fille de Louis XV.

25. Juvenalis satirarum Libri V. Nova editio cura Nicolai Rigaltii. *Lutetiae, ex officina Rob. Setphani*, 1616. Auli Persii Satirae. *Lutetiae, ex Typographia Rob. Stephani*, 1614. Deux parties en 1 vol. in-12, mar. rouge, fil., dos orné, dorure à petits fers sur les plats, tr. dor.

Exemplaire de dédicace à JAC. AUG. DE THOU, aux armes de ce célèbre amateur.

26. La Prénostication de maistre Albert Songecreux Bisscain. In-4 de 4 ff., fig. sur bois. (Réimpression en fac-simile, exécutée par le procédé de M. Pilinski.) On y a joint : Notice sur la Prénostication de maistre Albert Songecreux, par M. Paul Lacroix. *Paris, imprimerie Martinet*, 1861. Ensemble, deux parties en 1 vol. in-4, mar. citr. jans., tr. dor. (*Trautz-Bauzonnet.*)

Un des quatre exemplaires tirés sur papier ancien. L'exemplaire unique, qui appartenait alors à M. Double, a été acquis en 1863 par S. A. R. Mgr le duc d'Aumale.

27. Le Tombeau de Marguerite de Valois, royne de Navarre, faict premièrement en disticques latins, par les trois sœurs (Anne, Marguerite et Jeanne de Seymour), princesses en Angleterre, depuis traduict en grec, italien et Francoys, par plusieurs des excellentz poètes de la France ; avec plusieurs odes, hymnes, cantiques, épitaphes, sur le mesme subject (publié par Nic. Denisot, dit le comte d'Alsinois). *A Paris, de l'imprimerie de Mi-*

chel Fézandat, 1551. Pet. in-8, portrait de Marguerite, gravé sur bois, mar. citr., milieu en mosaïque de mar. bleu, dos orné, tr. dor. (*Trautz-Bauzonnet.*)

Haut., 163 millim.

28. LES POÉSIES DE MALHERBE, avec les observations de Ménage. Seconde édition. *A Paris*, *chez Claude Barbin*, 1689. In-12, mar. rouge, fil., dos orné, tr. dor. (*Padeloup.*)

Bel exemplaire aux armes du COMTE D'HOYM.

29. Œuvres de Malherbe, recueillies et annotées par M. L. Lalanne. Nouvelle édition revue sur les autographes, les copies les plus authentiques et les plus anciennes impressions, augmentée de notices, de variantes, de notes, etc. *Paris*, *L. Hachette et Ce*, 1862-1869. 5 vol. in-8, et album dem.-rel., dos et coins, mar. vert, tête dor., n. rogn. (*Closs.*)

Exemplaire en grand papier vélin.

30. ŒUVRES DE NICOLAS BOILEAU-DESPRÉAUX, avec des éclaircissemens historiques donnés par lui-même (publ. par Brossette). *La Haye*, *Isaac Vaillant*, 1722. 4 vol. in-12, fig., vignettes et culs de lampe, de Bernard Picart, v. jaspé, tr. marb.

Aux armes de la reine MARIE-ANTOINETTE.

31. FABLES CHOISIES, mises en vers par M. de La Fontaine. *A Paris*, *chez Denys Thierry*, 1668. In-4, fig. de Chauveau, mar. rouge, fil., dos orné, tr. dor. (*Trautz-Bauzonnet.*)

Exemplaire de la première édition, auquel on a ajouté le portrait de La Fontaine, gravé par Ficquet, d'après H. Rigaud Épreuve dite *au ruisseau blanc*.

32. Fables de La Fontaine. Édition imprimée par ordre du Roi, pour l'éducation de M. le Dauphin. *Paris, imprimerie de Didot, l'aîné*, 1789. 2 vol. in-8, pap. vel., v. m., tr. dor.

Aux armes de Mgr Double, évêque de Tarbes.

33. LES BAISERS, précédés du mois de mai, poème (par Dorat). *A La Haye, et se trouve à Paris, chez Lambert et Delalain*, 1770. In-8, pap. de Holl., titre, figures, 23 vignettes et 22 culs-de-lampe, gravés d'après Eisen, par de Longueil, Masquelier, de Launay, Ponce, etc., mar. vert, fil., large dentelle, dos orné, tr. dor.

Exemplaire aux armes de la reine MARIE-ANTOINETTE.

34. Anthologie françoise ou Chansons choisies depuis le XIIIe siècle jusqu'à présent (par Jean Monnet); précédée d'un Mémoire historique sur la chanson, par Meunier de Querlon. *S. l.* (*Paris*), *Barbou*, 1765. 3 vol. in-8, mar. vert, fil., dos orné, tr. dor. (*Rel. anc.*)

Portrait de Gravelot, gravé par Saint-Aubin, d'après Cochin, et trois frontispices gravés par Lemire, d'après Gravelot.

Exemplaire ayant appartenu à Mme JUSTINE FAVART, dont le nom se trouve au bas des volumes.

35. Œuvres anciennes de P. J. de Béranger, 1815-1833. Nouvelle édition revue par l'auteur, avec les dix chansons publiées en 1847. *Paris, Perrotin*, 1860. 2 vol. in-8. Dernières Chansons de P. J. de Béranger, de 1834 à 1851, avec une lettre et une préface de l'auteur. *Paris, Perrotin*, 1857. In-8. Ma Biographie, œuvre posthume de P. J. de Béranger, avec un appendice et un grand nombre de notes inédites de Béranger sur ses chansons.

Paris, *Perrotin*, 1858. In-8. Ensemble, 4 vol. in-8, mar. rouge jans., tr. dor. (*Hardy*.)

Cet exemplaire contient :

1° La suite des figures de l'édition publiée en 1847, tirée sur PAPIER DE CHINE ET AVANT LA LETTRE.

2° La suite des cent quatre vignettes en forme de médaillon, gravées au burin sur les dessins d'Alfred et Tony Johannot, Charlet, Grenier, Grandville, etc., publiée en 1829 par Jules Boquet et Perrotin. Épreuves sur PAPIER DE CHINE ET AVANT LA LETTRE.

3° La suite des cent vingt figures sur bois, dessinées par Grandville et Raffet, publiées par Fournier en 1836. Épreuves sur PAPIER DE CHINE VOLANT.

4° La suite des vingt-quatre gravures publiées en 1860 pour les œuvres posthumes. ÉPREUVES SUR CHINE, ET AVANT LA LETTRE.

5° Sept pièces, ÉPREUVES D'ARTISTE, AVANT TOUTE LETTRE, et signées des noms suivants :

CHARLET. — Roger Bontemps, le Vieux ménérier et la Marquise de Pretintaille.

GRENIER. — Les Contrebandiers.

H. VERNET. — Le Dieu des bonnes gens.

DEVERIA. — Le Pigeon messager.

CAMILLE ROQUEPLAN. — La Déesse.

6° Deux lettres autographes de Béranger à Perrotin, son éditeur.

36. MAISTRE PIERRE PATHELIN. (Avec le Testament Pathelin à quatre personnages.) *Paris*, *Guill Nyverd*. *S. d.* (*vers* 1525.) Deux parties en 1 vol. pet. in-8 goth., à 28 et 29 lignes à la page, fig. sur bois, mar. bl., doublé de mar. rouge., dent., tr. dor. (*Bauzonnet*.)

Bon exemplaire d'une édition fort rare. Le dernier feuillet porte la marque de Guillaume Nyverd.

Exemplaire de M. Ch.-J. Brunet. (N° 393.)

37. Œuvres de P. Corneille. Nouvelle édition, revue sur les plus anciennes impressions et les autographes, et augmentée de morceaux inédits, des variantes, de notices, de notes, etc., par M. Ch. Marty-Laveaux. *Paris, L. Ha-*

chette et Cᵉ, 1862. 12 vol. in-8, et album demi-rel., dos et coins mar. bl., tête dor., n. rogn. (*Closs.*)

Exemplaire en grand papier velin.

38. LES ŒUVRES DE MONSIEUR MOLIÈRE. *A Paris, chez Thomas Jolly*, 1666. 2 vol. in-12, deux frontispices gravés par Chauveau, mar. rouge, fil., dos orné, plats à la Duseuil, tr. dor. (*Trautz-Bauzonnet.*)

Édition fort rare, la première du théâtre de Molière, avec une pagination suivie. Elle contient : *l'Étourdi, le Dépit amoureux, les Précieuses, Sganarelle, l'École des Maris, les Fâcheux, l'École des Femmes, la Critique de l'École des Femmes*, et *les Plaisirs de l'Ile enchantée.*

Les frontispices gravés représentent, le premier : le buste de Molière, près duquel sont accoudés Mascarille et Sganarelle ; le second, Molière et sa femme, couronnés par Thalie.

39. LES ŒUVRES DE MONSIEUR DE MOLIÈRE. *Paris, Denys Thierry et Claude Barbin*, 1674-1675. 7 vol. in-12, mar. rouge, fil., dos orné, tr. dor. (*Rel. anc.*)

Édition rare publiée presque immédiatement après la mort de Molière, et en vue de laquelle il avait lui-même revu ses œuvres. Toutes les pièces publiées du vivant du poète sont ici réunies pour la première fois en corps d'ouvrage et avec une pagination suivie. Le septième volume, portant la date de 1675, contient *l'Ombre de Molière* (par Brécourt), et *le Malade imaginaire.*

Cette dernière pièce n'avait pas encore été imprimée à Paris.

40. LE MISANTROPE, comédie par J.-B.-P. de Molière. *A Paris, chez Jean Ribou*, 1667. In-12 de 12 ff. lim. et 84 pp., front gravé, mar. rouge jans., tr. dor. (*Capé.*)

Édition originale, qui contient la *Lettre sur le Misanthrope*, par Donneau de Visé. Bel exemplaire. Haut., 148 millim.

41. LES FEMMES SÇAVANTES, comédie par J.-B.-P. Molière. *A Paris, chez Pierre Promé*, 1673. In-12 de

2 ff. lim. et 92 pp., mar. rouge jaus., tr. dor. (*Trautz-Bauzonnet.*)

Édition originale. Haut., 147 millim.

42. Le Curieux impertinent, comédie en vers par Nér. Destouches. *Paris, P. Ribou*, 1711. — Le Jaloux désabusé, comédie en vers par M. de Campistron, 1710. — Les Nobles de Province, comédie en vers par M. de Haute-Roche. *Lyon, Th. Amaulry*, 1678. — Le feint Polonois ou la veuve impertinente, comédie en prose, par M. de Haute-Roche. *Lyon, Léon Plaignard*, 1686.— L'Épreuve réciproque, comédie par M. R. Alain, *Paris, Jacq. Le Febvre*, 1711. Ensemble, cinq pièces en 1 vol. in-12, mar. vert, tr. dor.

Aux armes de Madame la comtesse de Verrue.

43. Œuvres de J. Racine. Nouvelle édition, revue sur les plus anciennes impressions et les autographes, et augmentée de variantes, de notices, de notes, etc., par M. Paul Mesnard. *Paris, L. Hachette et Cᵉ*, 1865-1873. 8 vol. in-8, musique et album demi-rel., dos et coins, mar. r., tête dor., n.rogn. (*Closs.*)

Exemplaire en grand papier vélin.

44. HISTOIRES OU CONTES DU TEMPS PASSÉ, avec des moralitez (par Ch. Perrault). *A Paris, chez Claude Barbin*, 1697. Petit in-12, mar. rouge, fil., dos orné, plats à la Du Seuil, tr dor. (*Trautz-Bauzonnet.*)

Première et fort rare édition de ces contes. Elle se compose d'un frontispice gravé, 4 ff. pour le titre et une épître à Mademoiselle, 230 pp. (y compris la *Table*), 2 ff. pour le *Privilège* et les *Fautes à corriger*. Le f. d'errata manque à la plupart des exemplaires connus.

45. SUITE DES MÉMOIRES et Aventures d'un homme de qualité qui s'est retiré du monde (par l'abbé Prévost). *Amsterdam, aux dépens de la Compagnie*, 1733. Deux parties en 1 vol. in-12, mar. bl., fil. doublé de mar. citr., dentelle, dos orné, tr. dor. (*Trautz-Bauzonnet*.)

Première édition séparée de *Manon Lescaut*.

46. HISTOIRE DE MANON LESCAUT et du chevalier des Grieux, par l'abbé Prevost. Édition imprimée par ordre de Mgr le comte d'Artois. *Paris, de l'imprimerie de Didot l'aîné*, 1781. 2 vol. pet. in-12, portrait gravé par Ficquet, mar. citr., dos orné, milieu à petits fers, tr. dor. (*Trautz-Bauzonnet*.)

Exemplaire sur papier fin, auquel on a ajouté la suite des figures dessinées par Lefèvre. Épreuves AVANT ET AVEC LA LETTRE, et les EAUX-FORTES.

47. LES FACECIEUSES NUITS DE STRAPAROLE, contenant plusieurs beaux contes et enigmes racontez par dix damoiselles et quelques gentilhommes, traduites d'italien en françois, par J. Louveau et Pierre de Larivey, champenois. *Amsterdam, J. Fred. Bernard*, 1725, 3 vol. in-12., v. gr., fil., tr. dor.

Exemplaire aux armes de la reine MARIE-ANTOINETTE.

48. LE NOUVEAU GULLIVER, ou Voyage de Jean Gulliver, fils du capitaine Gulliver, traduit d'un manuscrit anglois par M. l'abbé de L. D. F. (composé par l'abbé Guyot Desfontaines.) *Paris, veuve Clouzier*, 1730. 2 vol. in-12, mar. rouge, fil., dent fleurdelisée sur les plats, dos orné, tr. dor.

Exemplaire aux armes du roi LOUIS XV.

49. Lettres de Madame de Sévigné, de sa famille et de ses amies, recueillies et annotées par M. Monmerqué. Nouvelle édition, revue sur les autographes, les copies les plus authentiques et les plus anciennes impressions, augmentée de lettres inédites, etc. *Paris, L. Hachette et Ce.*, 1862-1866, 14 vol. in-8, et album demi-rel., dos et coins mar. r., tête dor., non rogné.

Exemplaire en grand papier vélin.

50. LETTRES DE MADAME LA PRINCESSE DE G*** (Gonzague), écrites à ses amis pendant le cours de ses voyages d'Italie, en 1779 et années suivantes. *A Paris, chez Duplain*, 1790. Deux parties en 1 vol in-12, mar. rouge, fil., dos orné, tr. dor.

Exemplaire aux armes de la reine MARIE-ANTOINETTE.

51. M. TULLII CICERONIS OPERA OMNIA quae extant a Dionys. Lambino monstroliensi ex codicibus manuscriptis emendata. *S. l. (Genevae), apud Petrum Santandreanum*, 1577. 4 tomes en 2 vol. in-fol., mar. br., fil., tr. dor. *(Rel. du* XVIe *siècle.)*

Exemplaire ayant appartenu à MARGUERITE DE FRANCE, reine de Navarre. Très curieuse reliure. Les plats des volumes portent, d'un côté, un double médaillon représentant le portrait de la reine, entouré d'un semis de marguerites, son emblème favori, et, sur l'autre côté, les chaînes de Navarre dorées sur fond de gueules.

HISTOIRE

52. COURS DES PRINCIPAUX FLEUVES et rivières de l'Europe, composé et imprimé par Louis XV, Roy de France et de Navarre, en 1718. *A Paris, de l'imprimerie du cabinet de S. M., dirigée par J. Collombat*, 1718. In-4, mar. rouge dentelle, dos orné, tr. dor.

Ce volume est précédé d'un portrait de Louis XV, à l'âge de 8 ans, gravé par Audran.

EXEMPLAIRE AUX ARMES DU ROI.

53. Le premier (second et tiers) Volume des Grans Croniques de France, nouvellement imprimées à Paris, avecques plusieurs incidences survenues durant les règnes des tres chrestiens roys de France, tant es royaulmes d'Ytallie, d'Almaigne, d'Angleterre, d'Espaigne, Hongrie..... et autres lieux circonvoisins. Avecques la Cronique frere Robert Gaguin, contenue à la Cronique Martinienne. *Cy finist le tiers et dernier Volume des Grans Croniques de France, imprimées à Paris l'an mil cinq cens et quatorze pour Guillaume Eustace, demourant en la dicte ville, en la Rue Neufve Nostre-Dame.* 3 vol. in fol., car. goth., mar. bl., dos et plats fleurdelisés, tr. dor. (*Capé*).

54. RECUEIL de neuf Pièces en vers et une en prose, imprimées à Paris, de 1559 à 1600. In-4, mar. vert.

AUX ARMES DE J.-A. DE THOU.

Recueil précieux provenant des ventes Soleinne et Brunet. En voici le contenu :

1° REMONSTRANCE au peuple françoys de son devoir en ce temps envers la majesté du Roy, à laquelle sont adjoustez troys Eloges de la paix, de la trefve et de la guerre (par Guillaume des Autelz). *Paris, André Wechel*, 1559, 14 ff.

2° LE CORONEMENT de messire François Pétrarque... faict à Rome; envoyé, par messire Sennucce del Bene, au magnifique Can della Scala, seigneur de Verone, nouvellement traduit de toscan en françois (publié par J. Baptiste de Barlemont, en prose). *Paris, Gabriel Buon*, 1565, 9 ff.

3° PROEME sur l'histoire des François et hommes vertueux de la maison de Medicis, à la royne de France, mère du Roy (par Jacques Grevin, avec une dédicace par Rob. Estienne). *Paris, Robert Estienne*, 1567, 8 ff.

4° HYMNE de la monarchie à G. du Faur, seigneur de Ribrac, par R. Garnier, Fertenoys. *Paris, Gabriel Buon*, 1567, 12 ff.

5° REGRET sur les misères advenues à la France par les guerres civiles, avec deux prières à Dieu, par H. H. (Hierome Hennequin), Parisien. *Paris, Denis du Pré*, 1569, 12 ff.

6° ÉPITHALAME, ou Chant nuptial sur le mariage de très illustres prince et princesse Henri de Lorraine, duc de Guyse, et Catarine de Clèves, contesse d'Eu, par Jean Dorat (en français et en latin). *Paris, près S. Victor, à l'enseigne de la Fontaine*, 1570, 8 ff.

7° NOVEM CANTICA de pace ad Carolum nonum, Galliae regem, Joanne Aurato auctore. — Neuf Cantiques ou sonetz de la paix à Charles neufiesme, roy de France, par Jean Dorat. *Lutetiae*, 1570, 12 ff. avec une planche en bois.

8° Poème sans titre (*le Plaisir de la vie rustique*), composé en 1573 par Guy du Faur de Pibrac (en tête un sonnet à P. de Ronsard), 11 ff. et 1 f. blanc.

9° STANCES sur la venue du Roy Henri IV, *s. d.*, vers 1594, 3 ff. et 1 f. blanc.

10° SUR LES NOPCES du Roy et de la Reyne, pris du latin de M. Passerat, par M. J. D., advocat en la cour (1600), 2 ff.

Dans la pièce décrite sous le n° 8, le texte du poème de Pibrac est plus complet que celui qui a été imprimé à la suite des quatrains du même auteur. M. Viollet-le-Duc, en parlant de la nôtre qu'il possédait aussi, dit, à la page 254 de son catalogue : « Ce poème en son entier, tel qu'il est dans mon exemplaire, est de la plus grande rareté. Je crois qu'il a été imprimé pour les amis de l'auteur, et qu'il n'a pas été mis dans le commerce. »

55. Recueil de trois pièces en 1 vol. in-8, v^el. bl., fil., tr. dor.

AUX ARMES DE J.-A. DE THOU.

Voici le contenu de ce recueil :

1° Viri pietate ac virtute clarissimi dialogus de pace, 1579.

2° Exhortation amiable, conseil salutaire pour le Païs-Bas, en 1579.

3° Discours sur la permission de Liberté de religion, dicte *Religion-Vrede,* au Païs-Bas, 1579.

56. SACRE ET COURONNEMENT DE LOUIS XVI, roi de France et de Navarre, à Rheims, le 11 juin 1775, précédé de Recherches sur le sacre des rois de France, depuis Clovis jusqu'à Louis XV, et suivi d'un journal historique de ce qui s'est passé à cette auguste cérémonie ; enrichi d'un très grand nombre de figures en taille-douce, vignettes et fleurons, par le sieur Patas, avec leurs explications. *A Paris, chez Vente,* 1775. In-4, mar. rouge, large dentelle, chiffre du roi, aux angles des plats et sur le dos du volume, tr. dor.

Superbe exemplaire aux armes du roi LOUIS XVI et de la reine MARIE-ANTOINETTE.

57. Manuel du libraire et de l'amateur de livres, contenant un nouveau dictionnaire bibliographique, etc. Cinquième édition originale, entièrement refondue et augmentée, par l'auteur Jac. Ch. Brunet. *Paris, F. Didot,* 1860-65, 6 tom. en 12 vol. gr. in-8, mar. bl. jans, tr. dor. *(Closs.)*

Exemplaire en grand papier de Hollande. N° 22 sur 100 exemplaires.

58. Manuel du libraire et de l'amateur de livres. Supplément contenant : 1° un complément du Dictionnaire

bibliographique de M. J. Ch. Brunet; 2° la Table alphabétique des articles décrits au précédent supplément, par M. M. P Deschamps et G. Brunet. *Paris, F. Didot et Ce*, 1878 880, 2 vol. gr. in-8, mar. bl. jans., tr. dor.

Exemplaire en grand papier de Hollande.

59. Dictionnaire de géographie ancienne et moderne, à l'usage du libraire et de l'amateur de livres, par un bibliophile (P. Deschamps). *Paris, F. Didot frères*, 1870, gr. in-8, mar. bl., jans., tr. dor.

Exemplaire en grand papier de Hollande.

TABLE DES MATIÈRES

PRINCIPAUX OUVRAGES

OU JOURNAUX

AYANT PARLÉ DE LA COLLECTION DOUBLE

---

1. *Histoire de la porcelaine*, par A. Jacquemart. 1862.
2. *Guide de l'amateur de tableaux*, par Lejeune. 1864.
3. *Les Émaux de Petitot*, par Blaisot. 1864.
4. *Époque Louis XVI*, par Phnor. 1865.
5. *Paris-Guide*. 1867.
6. *Un Mobilier historique*, par P. Lacroix (bibliophile Jacob). 1865.
7. *Chefs-d'œuvre des arts*, par Burty. 1866.
8. *Catalogue de l'exposition rétrospective*. 1865.
9. *Les Collections célèbres*, par Lièvre. 1867.
10. *Catalogue de l'exposition rétrospective* (tableaux). 1866.
11. *L'Art pour tous*, par Sauvageot. 1866 et suiv.
12. *La Gazette des Beaux-arts*. 1866, 1867, etc.
13. *Histoire du travail*, par de Lasteyrie. 1867.
14. *Histoire du travail*, par Du Sommerard. 1867.
15. *Le Cabinet du duc d'Aumont*, par le baron C. Davillier. 1870.
16. *Les Porcelaines de Sèvres de madame Du Barry*, par le baron C. Davillier. 1870.

17. *Les Arts au moyen âge*, par P. Lacroix. 1869.
18. *Les Merveilles de l'art*, par Mesnard. 1869.
19. *Le Château de Trianon*, par de Lescure. 1869.
20. *L'Ornement polychrome*, par Racinet. 1873.
21. *Le Bibliophile français*, 1869, 1872.
22. *La Céramique*, par Jacquemart. 1869.
23. *Manuel de l'amateur de livres*, par Brunet. 1860.
24. *Catalogue de la bibliothèque L. Double*, par Techener. 1863.
25. *Les Merveilles de la Céramique*, par Jacquemart. 1873.
26. *Dissertations bibliographiques*, par P. Lacroix. 1864
27. *Énigmes bibliographiques*, par P. Lacroix. 1866.
28. *Van der Meer de Delft*, par Bürger. 1866.
29. *Musée rétrospectif*. 1865.
30. *Le Beau dans l'utile*. 1867.
31. *Histoire du travail*, par C. de Linas. 1868.
32. *Les Anciennes maisons de Paris*, par Lefeuve.
33. *Le Livre*, par Jules Janin.
34. *Biographie universelle*, de Didot.
35. *Utilité des collections*, par Lecoq. 1873.
36. *L'Art et l'industrie*, par Eck, 1866.
37. *La Véritable édition originale de Molière*, par P. Lacroix.
38. *La Reliure*, par Brunet.
39. *Le Dieu Pépétius*, par P. Lacroix.
40. *Paris et Versailles il y a cent ans*, par J. Janin.
41. *Catalogue des ouvrages de peinture, etc. Exposition au profit des Alsaciens-Lorrains*. 1874.
42. *Revue des Deux-Mondes*, 1er décembre 1867.
43. *Les Mœurs au moyen âge*, par P. Lacroix. 1871.
44. *Le dix-huitième siècle*, par P. Lacroix. 2 vol., 1875 et 1878.

45. *Bibliographie molièresque*, par P. Lacroix. 1875.
46. *Les Femmes de la cour de Louis XVI*, par Imbert de Saint-Amand. 1876.
47. *Sciences et lettres au moyen âge*, par P. Lacroix. 1876.
48. *Histoire du Mobilier*, par Jacquemart, 1876, etc.

www.ingramcontent.com/pod-product-compliance
Ingram Content Group UK Ltd.
Pitfield, Milton Keynes, MK11 3LW, UK
UKHW020321230726
13925UKWH00002B/552

9 782014 461947